"桐乡历史文化丛书"(第四辑)编委会

顾　　问：盛勇军　于会游　潘敏芳　徐剑东
编　　委：李新荣　李少毅　吴赟娇　褚万根　邓　雷
　　　　　李国东　顾守菊　周新强　范利学

主　　编：李新荣
副 主 编：褚万根

作　　者：（以姓氏笔画为序）
　　　　　孔海珠　严建平　郁震宏　钟桂松　徐玲芬
　　　　　徐盈哲　潘诗雨

孔海珠 著

孔另境传

KONGLINGJING ZHUAN

桐乡历史文化丛书

人是感情的动物,也是理智的动物。因为有感情,所以不能忘记过去;因为有理智,所以認識现实和理想将来。

1970.10.
孔另境

华文出版社
SINO-CULTURE PRESS

图书在版编目（CIP）数据

孔另境传 / 孔海珠著. —— 北京：华文出版社，2020.3
（桐乡历史文化丛书. 第四辑）
ISBN 978-7-5075-5252-2

Ⅰ. ①孔… Ⅱ. ①孔… Ⅲ. ①孔另境－传记 Ⅳ. ①K825.42

中国版本图书馆CIP数据核字(2019)第286687号

孔另境传

著　　者	孔海珠
责任编辑	南　洋　刘　岚
出版发行	华文出版社
地　　址	北京市西城区广外大街305号8区2号楼
邮政编码	100055
网　　址	http://www.hwcbs.com.cn
电　　话	编辑部 010-58336239　　总编室 010-58336210
	发行部 010-58336202
经　　销	新华书店
印　　刷	北京燕春印刷有限公司
开　　本	880mm×1230mm　1/32
印　　张	9.25
字　　数	200千
版　　次	2020年3月第1版
印　　次	2020年3月第1次印刷
标准书号	ISBN 978-7-5075-5252-2
定　　价	60.00元

版权所有，侵权必究

前　言

　　浙江省桐乡市乌镇是我的家乡，记得小时候第一次填写表格时，籍贯这一栏就要写上"乌镇"这两个字。总觉得这"乌"字不太寻常，和"鸟"字虽差不多，又不一样，很不好写。为此，父亲特意在纸上写这两个字，向我说明这两个字的不同。稍长一点，父亲向我们子女灌输姓"孔"的渊源，给我们看有关孔子的书，他说，姓孔的应当看。而且，他指着书房墙上挂着柳亚子写给他的一张条幅，上面写着"……南宗胜北宗"，以解释孔姓的历史。当时，我记不全他说的话，只记得他说，孔子是孔姓的老祖宗，山东曲阜人，后来有一支脉从曲阜搬迁到南面来，于是有了北宗和南宗。我们乌镇显然是属于南宗。柳亚子先生褒奖父亲，所以他说"南宗胜北宗"。

　　这样复杂的事情，上下几千年，而且又是孔圣人的后裔，把这段历史搞清楚似乎不太容易。幸而有家谱在，这是因父亲是乌镇孔家的长房长孙，很久以前，我就看到家里有这样两本线装的家谱。当父亲翻阅它的时候，总把我这个长女叫过去，他说孔姓有严格的辈分排列，只要你报上名来，就知道是什么辈分。比如父亲是"令"字辈，祖父是"祥"字辈，曾祖父是

"繁"字辈,再上面是"庆"字辈……而我们这一代是"德"字辈。从孔子排下来我们是第七十七代。第七十七代,这个辈分是很小的,也说明这个家族支脉的繁荣兴旺。家谱就是记载一代代人的繁衍生息的情况。我看到我父亲和叔叔的名字记载在家谱的最后一页上面。

这本家谱在20世纪六七十年代,不知怎么保留了下来,那时谁也没有在意它。父亲去世后,母亲似乎又重视这本家谱了,当她晚年时,把这本家谱郑重地交给我,我还记得当时的情景:她深深地叹息说,家里没有了姓孔的第三代继承人(指第三代男丁姓孔),这家谱给你有用,就传给你吧。语气中也是无可奈何。其实,在家谱上有名无名,我父亲早就不在意。经过"五四运动"的洗礼,反封建,"打倒孔家店",有着叛逆性格的他不仅把自己的名字改革了,对下一代的新生命更不再讲究辈分,于是我们下一代的名字是五花八门,每个都富有时代的气息和象征意义。

父亲孔另境是个非常有个性又热爱生活的人,只是给他张扬的时间比他受到压抑的时间少得多,所以要真正了解他不太容易。在他68年的岁月里,作为一代追求进步理想、紧随中国共产党闹革命的知识分子,其一生充分见证了历史变迁的过程。他是中国共产党的早期党员,1925年入党,一生四次坐牢,每一次都是对现实不满和反抗,每一次又"查无实据"死里逃生,甚至惊动了鲁迅先生。新中国的历次"运动",他都诚意投入、洗心革面,却总是在"运动"的风口浪尖受到重点"批判",却又一次次被他滑过,落得"漏网"的头衔。他社会交际广阔,个性豪爽热情,许多历史人物与之有过交往;他社会活动频繁,开办学校、创办杂志、介绍他人书稿等,他都热心操办,认真负责,不计得失,有时弄得自己也没有饭吃,而且还讨不上老婆。他协助姐夫茅盾从事进步的文化工作,包括对外的国际联络,在党的领导下开展统战工作等,都起到很好的作用。坎坎坷坷,一路走来,他的经历丰富而传奇。然而他的直率个性,心直口快,发表意见无畏无惧,又给他带来不少麻烦,以致他的姐姐、姐夫总告诫他:少说话。他曾在自己的书房墙上贴上"慎言"两个毛笔大字,大约看着又觉得不舒服,没过几天又撕了。

  故乡和父亲有着千丝万缕的联系,他出生在那里,受启蒙教育在那里,儿时的欢乐在那里,他的祖先亲人们埋在那里。虽然,他是这个家族的长房长孙,却不愿在那里继承祖业,早早离家去了嘉兴念中学,后来,走得更远,考入上海大学中文系就读,就此移居到了上海,并扎下了根。从此,对故乡乌镇的遥念成了他闲暇时的谈资,我们从他那里知道了孔氏家族在北宋战乱时的南移,模糊地知道了"根"意味着什么。那么,"故乡"在他的血脉里沉淀了多少往事?他又继承了什么品性和传统呢?

  如今,家乡为先贤立传,出版"桐乡历史文化丛书·名人传记系列",请我执笔为父亲写传,除了挖掘史迹,记录前辈的行为举止,钩沉他们的言行之外,希望能写出我心目中真实的父亲和他的家人,尤其是家乡给他的滋养和印记。他是乌镇的游子。我愿把这次写作作为一次寻根之旅。

孔海珠

2019 年 9 月 1 日

目 录

前言

第一章 孔姓乌镇家史　　　　　　　　　　001
孔姓分南宗与北宗　　　　　　　　　　　　001
孔氏家谱和青镇东园支脉　　　　　　　　　006
孔庆增的花园和长寿　　　　　　　　　　　009
孔繁麟的雅好和执拗　　　　　　　　　　　017
孔祥生夫妇的悲剧　　　　　　　　　　　　020

第二章 富裕又守旧的大家庭　　　　　　031
父亲的三姐孔德沚的亲事　　　　　　　　　031
父亲的福弟孔令杰的一生　　　　　　　　　039
长房长孙就学难　　　　　　　　　　　　　046
终生不吃四只脚的食物　　　　　　　　　　048
带头闹学潮被停学　　　　　　　　　　　　053

第三章　在革命的摇篮里成长 　061
在上海大学的熔炉里 　061
五卅运动中第一次被捕 　071
坐在毛部长办公室办公 　073
"北伐"途中的同乡知友 　075

第四章　在杭州参加秘密暴动 　082
湖滨旅社遇惊险 　082
目睹牺牲同志的棺材抬过 　084
忘不了这段断指 　087

第五章　天津遇难记 　090
南开中学和河北女子师范学校 　090
在天津第二次被捕 　092
鲁迅先生出手营救 　094

第六章　"平生最佩服的第一人" 　100
与鲁迅先生相邻的日子 　100
参加左翼活动 　105
鲁迅葬礼相册 　109
痛别人生楷模的日子 　113

第七章　上海抗战"孤岛"时期 　122
成立上海大学留沪同学会 　122

创办华光戏剧专科学校　　　　　　　　134
结婚生子和沈老太太　　　　　　　　　150
父亲眼中的姐夫茅盾　　　　　　　　　160
秘密校印《文艺阵地》　　　　　　　　169
与楼适夷继续合作　　　　　　　　　　178

第八章　投奔苏北新四军　　　　　　198
东台垦区办教育　　　　　　　　　　　198
叫我"小苏北"　　　　　　　　　　　202
《剧本丛刊》五集五十册　　　　　　　205
被日本宪兵司令部拘捕　　　　　　　　211
抗战胜利了，姐弟团聚　　　　　　　　212

第九章　喜迎解放当主人　　　　　　222
上海解放那一天　　　　　　　　　　　222
参加第一届文代会　　　　　　　　　　224
去虬江路淘宝　　　　　　　　　　　　228
和父亲一起过年　　　　　　　　　　　231
"好儿女志在四方"　　　　　　　　　236
政协会上的一次发言　　　　　　　　　241

第十章　在"运动"中沉浮　　　　　244
"漏网大右派"的由来　　　　　　　　244
在"文革"中受难　　　　　　　　　　249

眷恋乡土的惨淡之旅	254
老年又一次被拘	255
第十一章　沉冤终得昭雪	**263**
第十二章　百年诞辰纪念日和孔另境纪念馆开馆	**265**

说不完的父亲（代后记）

第一章　孔姓乌镇家史

孔姓分南宗与北宗

孔姓分南宗与北宗，起源于宋金之战。孔氏家庙有两座：一个在曲阜，另一个在衢州。这个话题要从孔姓历史性的迁徙说起。

北宋靖康二年（1127）四月，金军入主中原，攻陷宋都汴京（河南开封），掳徽宗、钦宗二帝，北宋灭亡，史称"靖康之变"。在宋都陷入金兵之手时，宋高宗赵构（康王）仓促南渡，后建都临安（浙江杭州），建立了南宋王朝，改元建炎。次年，高宗于扬州行宫郊祀，孔子第48世衍圣公孔端友等奉诏离开故乡曲阜赶来侍祀。其时，金兵分三路南侵，高宗君臣仓皇南渡，孔端友偕叔父孔传负着"孔子和亓官夫人（孔子夫人）的一对楷木像"护主南渡，辗转避难于浙江衢州。

金兵北撤后，高宗驻跸临安，重用孔氏南渡诸贤，赐家衢州。遂使其因宋室南迁而形成南宗，衢州成为孔氏第二故乡，被称为"东南阙里"，因衢州位于长江以南，故世称孔氏南宗。

孔端友，字子交，成为孔氏南宗的始祖。嗣后，他们诗书相传，贤才辈出，宦游于东南诸省，遂以衢州为中心，先后在浙、闽、苏、皖、赣、鄂等省，分出众多支脉，世世代代在江南繁衍、生息、发展。

据孔氏宗谱记载，南迁第49世孙瓒从衢州西安县又迁往湖州，九传至公昉，字后溪（第58世），后由湖州东阡塘迁居桐乡县西北三十里青镇东栅。其为青镇东园支脉之始祖。

父亲曾留有一段未刊的文字，虽然未必都正确，也简要地说清了孔氏家族迁徙和乌镇家史。

他说："我的家是在江南偏僻的乡镇上，可是这个镇的范围却相当广大，南北与东西相去各有十里之遥，人口三四万，物产富饶，殷富之家不一而足，因为地处较僻，所以历次兵灾，都未受丝毫影响。我们这一族是在宋高宗南渡的时候，扈驾南来，首立足于衢州，继而有一房就分出迁移到这个乡镇上来，这就是我家的祖先。迄今五百余年，但分殖并不怎样广，以我们直系而论，仅在曾祖之后分有四房，我们这一房居长，除了我们的一房已由祖父自营住宅外，其余叔祖三房均还合住老屋与曾祖同居。曾祖长寿考，享年九十，平生爱花木，营有'庸园'一所，占地数十亩，亭台楼阁应有尽有，为一方之胜。祖父只生父亲一人……"

孔姓分南宗和北宗，我们小时候就了然。缘在那时家里书房墙上一直挂着一幅柳亚子赠父亲的条幅，全文："十载重逢证雪鸿，岁寒心事后凋松，金丝鲁壁传华胄，祇竟南宗胜北宗。另境先生留念　亚子（章）。"父亲闲时向我们讲解其条幅上的内容，最后一句"南宗胜北宗"，我们记得很牢。估计此条幅写于上海"孤岛"时期，父亲那时的民族气节值得称颂，而柳亚子蛰居在上海的"活埋庵"，这是另外的话题了。

那么,孔氏家族为什么会在青镇落脚?并且在此"生根发芽"世代延续呢?

从远的说,乌镇有"千年古镇"之称,以谭家湾遗址、昭明读书处和唐代银杏等遗存,足以说明其古镇的历史渊远流长,承载的文化不一而足。况且,乌镇地处两省三府七县之间,却是水陆要冲、商贾繁华之地。古代江南地区,交通运输多赖舟楫,凡是繁华的市镇,大都傍河而建。宋室定都临安以后,从乌镇走水路到临安,可以朝发而夕至。古镇并不大,一条市河中间将镇一分为二:乌镇和青镇,东西相望。孔家世居青镇,习惯上统称乌镇,隶属湖州府。我父亲早年填的履历表中,曾将出生地填为:湖州。大约就是这个缘故。

关于当时人口迁徙情况,据《中国名镇志文化工程·乌镇志》记载,

> 北宋"靖康之难"后,北方人口大量南迁。宋宗室安定郡王赵伯泽、诗人陈与义等士大夫及民众纷纷徙居乌镇,镇民规模迅速扩大,住户、商人骤增。

有了这个查考,孔姓中有个分支,也是在这个大势之下,迁到桐乡的青镇东栅也就顺理成章了。

况且明清时期,乌镇经济持续繁荣,从宁波、绍兴、南京、安徽等地迁居者众多。又有大运河的便捷,数以千计的客民,沿着运河两岸定居开荒,纵深六七里。人口的集聚,无疑为乌镇的发展助推了力量。

关于人文方面，有史书记载，自南朝梁昭明太子萧统师事沈约，开创乌镇"文运之始"以来，水乡乌镇成了"唐宋元明清"各个朝代的文学家和名流硕士仰慕登临的地方。元代杰出的文学家和书画家赵孟頫，便是一位曾经慕名游历乌镇的人物。难怪古人游历青镇后赞誉："苏杭嘉湖四郡之中，有青镇实为人文渊薮，风土清嘉，含英咀华。"认为此地"风水极好"，还在于从北、西、南三面都有水流过，众流之汇，以秀气胜。所以，几百年来都以"诗书礼乐"传承。

作为移民中的一族，在乌镇的姓氏结构中，孔姓人口并不算多。查乾隆版《乌青镇志》（乌镇同知董世宁修）卷九"人物"披载："两镇人物盛于宋之元丰，至明嘉隆而更盛。"其中录入孔姓的青镇著名人物摘其大致有：

顺治　孔尚遂，字时乘，嘉府学岁贡，乐清训导，青镇人。
康熙　孔毓赞，字晋卤，桐乡学岁贡，奉化训导，青镇人。
乾隆　孔继元，桐乡学拔贡。
　　　孔继美，字珵如，以州同知衔，河工效力，降选河南河内县县丞，青镇人。
　　　孔迩，号觐文，以子自洙赠中宪大夫，福建提学道佥事。
　　　孔兴俨，号丹铭，以孙传忠貤赠奉直大夫，解州知州。

在"人物卷"中有较详记载有：

孔自洙，字文在，号皡菴，别号竹湄居士，青镇人。清顺治三年（1646）丙戌科举人，顺治六年（1649）进士。初任刑部主政，擢升兵部武库司。顺治十年（1653），任福建督学。顺治十二年（1655），后任四川剑南参藩等，办了很多实事，深受百姓爱戴。有《竹湄居士集》传世。

孔传忠，字贯原，号恕甫，青镇人。清康熙四十四年（1705）举人，康熙四十八年（1709）进士，授山西盂县知县。前后做官十年，其清操为人所称道。

孔继元，字元之，号裕堂。乾隆六年（1741）举人，教习景山官学。

孔广平，字赋梅，号蔚庐。清乾隆三十六年（1771）举人，授官陆川知县。曾摄理北流县事，受到称道。

孔广川，嘉庆十二年（1807）举人，官临海县训导。

以上所见，孔姓的青镇著名人物各朝都有，他们考取功名后，大都在异地做官。这是由古代中国的地方行政制度决定，管辖境内行政、赋税、刑事、教育等工作的总负责人。封建王朝传统规定，本地人不许在本地做官，必须是外地人，虽然知县大老爷在当地有无上的权威，但在刚刚上任做官的境内却几乎是两眼一抹黑，容易被当地势力欺瞒，即使是七品芝麻官也不好当。

经过几代人的努力，孔姓人安心地在这个地方经商，考取功名的或去捐官的，都在外地做官后返回家乡，颐养天年或继续他们的商业活动。这时候，他们一般都有了一定的资本和经历，交游也更广泛了。以近代青镇孔家的祖上来说,虽然富足但人口却谈不上怎么兴旺。这从孔氏家谱中可以窥见一二。

孔氏家谱

孔氏家谱和青镇东园支脉

中华民族五千年的历史,简单地说,是一部部家族的历史,孔姓家族有其伟大的特殊性,同时也存在着普遍意义,因其中华民族的历史文化传承,可以从姓氏的历史开始,即家谱文化。

《孔子世家谱》是世界上传承时间最长、最广泛的家谱。自宋朝元丰甲子年(1084)至今,孔氏家谱已有900余年历史。据不完全统计,孔氏家族分别在明代天启年间、清代康熙年间、乾隆年间及20世纪30年代的民国时期等对家谱进行过五次大的续修。2005年,《孔子世家谱》被吉尼斯世界纪录列为"世界最长家谱"。

2009年5月，笔者以上海孔子文化专业委员会副主任的身份，和其他主任专程从上海到曲阜参观续修家谱办公地，只见租用的两大间屋子四壁，布满书架，上面都是排列整齐、装订成册的表格材料，分门别类按派系陈列，俨然是一个专业的档案库。我不敢去翻动它们，害怕打乱了它们的次序，孔德墉会长是这次续修家谱的主持人，他能熟练地抽出一本，如数家珍地向我们这批孔氏后人介绍其中一个个寻根的故事。看完这些得来不易的材料，我们又参观了电脑房，好些工作人员埋头工作，认真细致地输入数据、核对谱系……这是份复杂、宏大的工程。从1998年开始，他们连续干了十二年，其中的酸甜苦辣是诉不完的，尤其是时已八十二岁高龄的孔会长，放弃优渥的生活，在这里打拼，他风趣地说："再一次'上山下乡'干革命。"

感动之余，笔者以《盛世编志，太平修谱——纪念孔子诞辰2560年》为题，记录了《孔子世家谱》第六次修订出版情况，首次在上海《社会科学报》2009年12月10日整版刊登予以介绍。

确实如此，继1937年之后，国家经历了动荡的战乱和社会变革，百姓漂泊流离，修订世界上最长的家谱，而且还是中国有史记载至今最古老的家族之一，非常之不易。这次完成了第六次家谱的修订，是在孔子诞辰2560周年，是新中国成立以来《孔子世家谱》的第一次续修。可谓："盛世编志，太平修谱。"

新谱录入族人时，本着不分性别、不分民族、不分国籍的原则，女性族人、少数民族、外籍孔子后裔均为首次录入家谱，这是一次重大的突破。全谱共分四集计80册，收录孔氏家族人数超过200万人，而且有望在以后的日子再有续集补充出版。

笔者曾在上海图书馆查阅过多种孔氏家谱，尤其关注东家外史、青镇东园支脉的记载。吾家传的《孔氏家乘图》则更为贴近青镇史实。其中讲到青镇孔家的一些有意思的事情。特记几则：

（1）在"重修青镇宗谱序"中说，以小宗立谱，谱成必赴曲阜请钤宗主之印。以证我家宗谱之源，也是青镇一支，为流传有序。

（2）高宗两次诣东南阙里告祭，69世孙继元、继文二公与族众观光迎接。所以，青镇支是与北宗族谊最亲的支派。

（3）自公昉始祖落户以来400余年，在谱牒上列名仅有七八百人。（宪采公修谱时志）宗谱在康熙、乾隆两次修谱，但其中有错，所以要重修。制修订凡例有许多条，极严格。

（4）咸丰"庚申年乱作，吾族皆流离奔散"，使宗谱遗落在外无一存者。故需重订。"庚申之乱"，青镇也有波及。

（5）在"阙里孔氏历代宗图"首页，盖有大红印章以示郑重。上镌："光绪乙巳（1905）春七十二世裔孙字宪文号汉如修谱图章"。他在"续修谱记"中陈：他自幼有修谱之志，至老未遂，主要是集资困难，遗产岁租又散佚不可靠。为此怏怏。自从上次修谱已经有115年，"庚申之乱"后，因孔宪采以司铎之职，在事平息后各人抄录近支之讳号，才将事实补入。然而，修谱事孔宪文也难以独立支撑。

（6）光绪辛丑年（1901）皇上下诏令各直省郡倡立中西学堂。但青镇没有校舍，遂向孔家借宗祠为学生学业之所。以每年25万元铜钱为租赁费用，五年为期。族中商量后定，从中提取 5 万元供修谱之用。以宪文为总理，繁林为襄理，繁滋为校字，限以时日告成。

（7）余款及祖上遗产由各房轮流经管，用以修墓、修祠、与春秋祭扫之款。每年所用各项确实报销，再有余资秉公存积以备之用。此为光绪三十年甲辰秋九月，即 1904 年秋天的事。

孔姓家辈分的排行是极有规制的，每个人取名的中间一个字，代表着你的辈分排序。以第 68 世起的辈分排序来说，有：传、继、广、昭、宪、庆、繁、祥、令、德、维……于是，一看姓名便知他是第几代孔姓后人。

修谱这一年（1904）是我父亲出生之年，他是 1904 年 7 月 19 日出生。所以谱上最后（第 76 代）列有他的名字：令俊，字孟养。后面还有一个名字：令杰，这是预留的名字，我的叔叔要三年后才出生。取名"俊""杰"是祖上对新生儿的厚望，愿曾孙集孔子、孟子的智慧，成为俊杰之才。父亲是这个四代同堂的孔家大家庭的长房长孙，他的出生令其曾祖父特别欣喜。确实，我父亲和叔叔不仅长得英俊，还有才学。这是后话。

孔庆增的花园和长寿

孔姓南宗在浙江的青镇繁衍生息几百年后，至第 72 世孔宪廷（1814—1877），字树兰，太学生，曾被封为奉政大夫。其独子孔庆增（1832—1922），字云峰，为第 73 世。孔氏宗谱记载："庆增，字云峰，同知衔，赏戴蓝翎。秉性刚直，勤俭，喜种花木。"他虽曾为官，然以酿酒为业，当庆增公经商有了余资，则出资协助重修《孔氏家谱》，受到族人赞许。娶沈氏，有子繁麟、繁麒（殇）；继娶郑氏，繁英，子繁荣、繁德。主人颇爱风雅，琴棋书画多为爱好。于同治十一年（1872）创造庸园，俗称孔家花园，占地数十亩。他是孔令俊（另境）的曾祖父。

庆增公建花园之前，在观堂桥东有祖遗孔家花园，咸丰年间毁于兵燹。后于同治十一年至光绪初年，庆增公在宅后另建新园，即在财神湾宅后辟治园亭，引泉成池，叠石为山，人们仍称之"孔家花园"。

祖遗的孔家花园在"咸丰年间（1851—1861）毁于兵燹"，这是指太平军东进江南，攻略太湖平原和城乡地区时期。有史料记载："一开始，太平军在地方上的抢掠，部分原因有解决军需的目的。但是到了江南，太平军将士中的私欲很快释放出来，他们大肆搜括城乡士绅百姓的财物。"[①]并指出，"太平天国战乱后，浙江地区田亩荒芜，昔日繁华的市镇大多被焚毁，乡村更是人烟寥落。苏州、常州、镇江、杭州、嘉兴、湖州诸地受害可以说是最深最久。"祖遗的花园被毁坏了，庆增公仍然顽强地另建新园，这是青镇人的执意。这座孔家花园，是青镇孔家花园的第二座。

庸园的建创是庆增公一生的心血。说"一生"在于造园有几个步子，并非全部规划好一次成功的。而是最先"他以酿造起家，初购地数十亩为场地，前筑住宅三进，接造酿酒场十余屋，惟尚多空地十多亩，作为菜圃，偶有余隙，则稍植花卉，以为

---

① 李学勤、郭志坤主编：《细讲中国历史丛书·清史》，上海人民出版社2015年版，第160页。

工余消遣。及后创业发达，而曾祖父亦心喜风雅，乃用他的余资建筑一二座茅亭，并把菜圃移置于最外围，筑墙以划分；另植果木于各地，凿池以蓄养金鱼。布置虽极简陋，可是在他老人家的心里已颇沾沾自喜，每晨必亲往灌溉，工余盘桓其中，对于一草一花，匠心培植，喜爱逾恒。

"同时他怕儿孙辈任意进去采撷、践踏，故园门钥匙，亲自掌理，进出随时关锁，不使他人踏入一步。唯一开放的日子，则是每年几个大节气，例如清明节、端阳节、中秋节等，每逢到了这些日子，他就率领全家的儿孙媳妇进园去给大家鉴赏一回，这时连仆役婢子都可以享受这项权利。可是一般孩子和仆婢们看见了这许多花草，每每趁他不在意的时候去偷折几枝，等到曾祖父看见呼喊，早已折断放进他们的怀里了，他也只好叹叹气，所以他把这几次开放名为'遭劫日'。"

"后来他经营的事业日渐发展，年有盈余，家道也跟着宽裕起来，于是他的园子也必年有添筑，渐渐成为一座花园的雏形。大约到他五十岁左右的时候，他于是发一宏愿，到苏州去聘请了许多花匠及建筑工人回来，着手改建，并到太湖一带去运了几船太湖石来，建筑假山，费去了一年的时光，数千的银子，才把工程告成。"

父亲在向我们小辈诉说这座花园时，如数家珍，源源不断，流露出万分的向往和赞美，一切都溢于言表。他说：

全园分为三部分，成了一个凸字的形象，进门为一座长楼，是放置他的古玩字画的，接着是一座平厅，这是第一部分；从厅后转出,为第二部分,傍建钟楼一座,楼下接连一座小假山,山下为鱼池,内蓄金鱼数千尾,其大者超过半尺,池边满植瓜子黄杨,高与屋齐,池之傍为一小亭。亭后连以曲折之小屋,屋底有秘门如书橱,以手扶之,橱即开动,越此秘门,即入第三部分,放眼一望,即觉眼界大展,忽现另一种景象。倘谓第二部分以精巧胜,则第三部分颇可以说得上"雄伟"两字了。在从秘门进来的地方也是一座亭子,亭旁为一座竹园,走出亭子为一石子砌成的甬道,甬道的尽端乃现一座大石山,高可三楼,分三道可上,山下有洞,中置石几椅等,山上连接一楼,甚为壮大,约有五六开间,上置匾额曰"月圆人寿之楼",楼内布置似客厅,楼之东西面墙上不开窗而凿一大圆洞,下置小梯,登梯望洞外,可见全镇景色,此为全园最高处,亦为本镇最高之楼,远在镇尾,亦可望见此巍然之大楼。楼下之旁有一个鱼池,范围较前者为大,也蓄有金鱼无数,池中并置有荷花台数个,每当夏日花开,我们在池边大为艳羡,可真有点"可望不可即"之概。第三部分之后,尚有菜圃甚大,但曾祖父已把它用墙分隔,不在本园范围之内了。[①]

这座花园在我父亲心中的印记这样深刻,特意写了篇《庸园劫灰录》记载,他虽然有十多年没有回乡,一切都在他的胸臆中,诉说时对花园的布局,奇妙的要点,大概的情景仍历历在目,一气描述出来。他以此园为荣。

---

① 孔另境:《庸园劫灰录》,载《庸园新集》,上海文艺出版社2006年版,第163页。

花园建成之日，庆增公题名"庸园"。父亲说，大概有点自逊自贬之意。庆增公在世时，常说自己是一个生意人，不懂什么的，故他虽爱风雅，但决不以风雅自居，他为自己经营的花园取了这两个字眼，亦无非怕人讥笑他冒充风雅的意思。

庸园几经扩建之后，声名广传，附近乡镇的人们都拉了熟人欲求一游。父亲曾回忆："曾祖父难却各方盛意，乃决定开放几个月，任凭大家来游赏。这消息一传开去，于是终日游客不绝，我们家里的小辈都权充了招待员。"花园还接待了不少文化名人，那块"月圆人寿之楼"的匾额由俞曲园题字。而开放的日子里，庆增公尤其忙碌万分，一方面要照顾客人，另一方面又要听听人家的品评，如品评得当，他就会重新布置，这样经过了几个月，花园的内容果然又改善了不少，可是家里的人都疲累得很了，所以，后来就托言修理，把它关闭起来。之后非经戚友介绍就不能任意允人进来了。

逛花园的温馨情景，成了父亲对庆增公的主要怀念。他说：

> 到我稍知人事的时候，曾祖父已经近八十岁了，但他老人家的身体仍十分健朗。我是他顶大的曾孙，所以他特别喜爱我，每次到他那里去请安（我是住在祖父的家里），他总领我进去看看花园，给我解说许多花卉的名字，我则往往无心听他这种解说，兀自跑跳开去玩儿，那时曾祖父在背后就着急地喊："六囝当心跌跤，不要到鱼池边去，不要折花呀！"其实，我是并不会去摘折什么花儿的，因为祖父家里的花卉尽多着，我的目的是要采撷各种树上的果子，园里种着许许

多多果树，他老人家平时不轻易放人进来，所以尽让它们到成熟，也不会有人去偷采的。曾祖父看见我的目的并不在花卉，于是他就笑哈哈地掮了一枝竹竿儿过来，那竹竿儿顶上绑扎着一只钩子，他要我在树底下张着衣兜，他就用竹竿儿往树上去钩下果子来，等到积满了半衣兜，我就向他老人家告辞了一声，一溜烟跑回家里去了。

有时等到摘好了果子给我们，他还叫住问：

"六囝，你欢喜这园子么？"

"欢喜！"

"八囝呢？——你也欢喜这园子么？"

"也欢喜！"弟弟用他的小圆眼望望哥哥的脸色。

"那么将来你们得好好看护它！这是你们太公用一生精力造成功的，我知道你们的爹爹是不欢喜这些的，他只晓得赌铜钿，你爷爷是自己已经有园子了，所以我想把这给你们！这许多花木都是几十年了，尤其外边池傍的几百枝黄杨，这是顶难长大的树，你看它们现在高过屋脊了，是顶值钱的树，你们都要好好去培养。"[①]

这番相隔三代的嘱咐，这位曾孙肩上的责任很重。

2006年，笔者为了在孔另境纪念馆里设立"故乡情深"部分，尽量还原孔家花园的样貌，请专业公司做成一个简单的模型，在乌镇旅游公司的支持下，请熟知情况的老人回忆，开了座谈

[①] 孔另境：《庸园劫灰录》，载《庸园新集》，上海文艺出版社2006年版，第165页。

会，同族的几房亲戚长辈，熟悉孔家花园情况的老人，尤以徐家堤先生最为热心，多方奔走收集信息，提供草图，我十分敏感。我们还到木心先生住的通安客栈上门请教，请他回忆记忆中的孔家花园。因为孙家与孔家是贴隔壁的邻居，只隔一堵墙。还有说，孙家的花园其实是花钱从孔家花园中划出一部分归孙家的。此说是很有可能的。但是，现在已经没有人讲得清楚了。果然，孙木心说小时候曾多次从他家爬墙到孔家的假山上下来进园的事。他偷偷地爬进去无非是瞎捣乱一番，有时叫上几个小朋友一起行动，在里面闹腾，直到母亲叫唤了才悻悻地原路翻墙回去。这个童年回忆是无法磨灭的。

引起我注意的是，乌镇沿街的房子，如观前街，每家每户的门面都不大，很朴素，但是很幽深，长长的直通市河。这是乌镇房子的特色，外面"貌不惊人"，里面"别有洞天"。所以，我们这个模型是长条型的。

据族人回忆，花园沿宅院入内，有石径通向园门楼，上悬"庸园"匾额。后面是三开间大厅，名"壶隐厅"，这是主人放置古玩字画的地方，厅前有石名"美女峰"，玲珑剔透，婀娜多姿。此处乃园主人宴饮宾朋之所。有小辈还坦言，有时他们进花园"壶隐厅"玩，趁人不注意，拉开抽屉，偷偷把一块石章放入自己的口袋里……

还有补充说，厅后深处有呈龙形太湖石假山，山下有洞，中置石几椅等，登上假山高处，为全镇的最高处，山上筑有五六开间的"人寿楼"，楼内客厅悬有太史公俞曲园手书"花好月圆人寿"匾额。近望全园，景色尽收眼底；南有小假山，山上有放鹤亭,山下有鱼乐池,蓄养金鱼无数。西南花木扶疏,中有呈品字形的三幢建筑,即"皓皓轩""养性居""步矩亭"。西望枫林摇红与翠竹婆娑之间筑有爱晚亭,山后有木樨花棚和荷花池,池似满月,绕以石径。花园尽头有两个大花坛压轴。散落全园之大小花坛有九处,以牡丹花坛为最佳。果树满园,而奇花异木遍布各处,山、水、亭、轩、楼、坛之间有石径相连,四通八达,间有石凳供人小憩。

随着庆增公的年纪上去,精力不济了,不能如从前那样去勤于修培,也不要人家去帮什么忙,庆增公园里的房屋日渐陈旧,园子显得残破起来。虽然这样,年近九十的庆增公仍旧把花园大门的钥匙握在自己手里,一直到去世也没有更改这个主意。可见他对这花园的珍爱和留恋。花园是他一生的心血。

大凡见过庆增公的人,都赞誉他"八九年高,童颜貌若"。更称奇的是,他以90高龄无疾寿终在自己的花园里。这是他的一块福地,他最可亲的地方。庆增公真是一位传奇人物。

父亲说,庆增公去世的那天是大年初一,新年的第一天,大家以为年高九十寿终是件喜丧,全家既没有穿孝,也没有吃素,连一点哭声都没有。父亲当时已经念中学三年级,对于被禁止有哭声,不以为然,想到老人平时对他的慈爱,入殓时刻,他明白这是最后的时刻,以后再也见不到老人家了,终于放声大哭出来。

据孔家后辈回忆,在花园的"人寿楼"上,藏有"肃静""回避"等公堂上用的牌匾,墙上还挂着两张穿着清朝官服的大幅画像。庆增公的那张半身像,身上戴着朝珠,头戴红顶子的帽子,扶着玉马,显得非常威严。其子孔繁麟有着"五品衔,中书科中书"的官衔,那张像却显得简单,既无朝珠,官帽也无红顶。有人悄悄说,他这个官是出钱捐来的,也没有人去细究过。

其实,咸丰年间,为了镇压太平天国运动,军费困难,咸丰帝推行"捐纳"法,士绅百姓可以花钱买官,基本上是虚衔,有钱人还是比较踊跃的。故此,繁麟公有这个虚衔也不足为怪。然而,小辈都害怕正眼与画像对视,总是瞥了一眼便匆匆逃跑了。

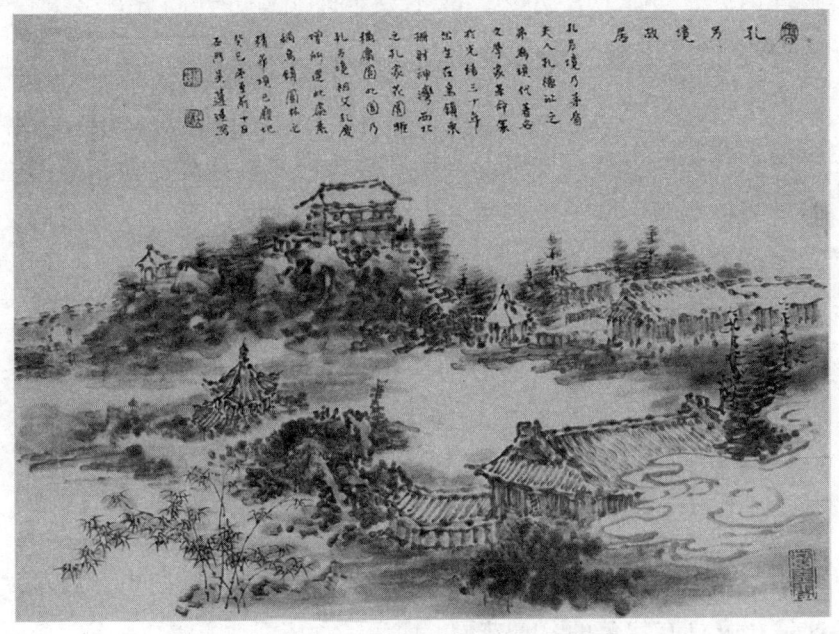

孔家花园水墨画　桐乡画家吴蓬作品

孔繁麟的雅好和执拗

孔繁麟(1854—1920),字乐愚,是庆增公的长子,自幼秉承庭训，刻苦自励，自力更生，不愿托福祖荫，故结婚之后即与他父亲要求分居而出，并表示不愿分得一点遗产。庆增公称赞其志，于是同意了。分居出来后，夫人周氏贤惠，把嫁过来时的许多首饰金钗之类变现，作丈夫创立造烛之业的资本。于是，他自设池坊及制造场，亲自督理一切。事无巨细，早起晚宿，无间风雪，且自奉之俭，也是被大家看在眼中。同时，由祖母襄理内庭，全家秩序井然，故不数年即购置五开间五进之大住宅一所。

繁麟公事业发达，也建有花园。他对于花木的爱好似乎是禀受了其父的影响，庆增公总说种花木能养性怡神，利于健康，而事实也确实证明了他享年九十岁的高寿在那个时代是稀有的。不同的是，繁麟公以各式盆景为主，居然也蔚为壮观。然而，他说"生意是活命之资，读书乃立命之本"。他虽捐有一官半职的虚头衔，一生从商，却心向风雅，雅好甚多，对中国旧学问有相当的研究，闲暇之余习字书画，收藏书画古玩亦丰，并坚持读书练字，每天用水在一块大方砖上写字半小时。平日里也练八段锦，修灌花木。他体质极好，力举百斤而不喘，徒步百里而不歇。家里手植盆景数百盆，在第二进的大庭园中开展览。这是孔家具有特色的盆景花园。

没有料到，平时身体不错的繁麟公一时因病重倒下，久久不见好转，夫人周氏贤孝心切，居然割臂疗夫，愈求天代夫弃世。这样诚心诚意地向天祈求，事情却果真这样发展下去，不多久，丈夫病愈，周氏却真的"代夫去世"了。周氏此举被郑重地载入家谱，称其为"宜人"。以前，在"二十四孝"的旧故事里，有割肉疗病这样的传说，不想，孔家祖上也曾有同样的事情发生过，而且夫人真的代夫弃世了。笔者不想说周氏因愚昧而牺牲这样的话，除了钦佩她的勇气和用心之切外，还能体察到这个富裕的大户人家上空的陈腐空气……

周氏之后，繁麟公续娶王氏。王氏对前夫所生的独子祥生不加管教也是可以想象的。

现在保存下来的四幅条屏即是孔繁麟的墨迹，以"王羲之笔意"，内容录自《大唐圣教序》。条幅上盖的抬头章是"本度圣裔七十四世"，下署"壬辰 仲夏 经轩 孔繁麟（两印）"。查考一下，这是1892年的手泽，距今已经127年了。现此四联屏原件展出在乌镇的孔另境纪念馆中。参观的人们都说此墨宝有一定的功力。当时，繁麟公还经常应邀在匾额上和镇上商店的招牌上题字。与他有书法同好的沈雁冰的祖父沈恩培，与孔繁麟是世交，他们相互欣赏，因交好而结亲。他们是沈雁冰和孔德沚四五岁时定亲的长辈。（孔繁麟1920年去世时，他的父亲孔庆增还在世，庆增公是1922年去世的。）

民国初年，乌镇并不闭塞，各种报刊和新闻都会及时传递进来。只是繁麟公个性顽固，虽然每天勤读报纸，了解外面的时事，可是仿佛眼前世界上的种种现象，丝毫不能影响他自己的主见。他对于后辈的教育，认为除了读四书五经之外，什么教科书之类是他所极端反对的。关于他的执拗态度，我父亲说他是一位"唯古主义者"，什么现在的各种学说和事件，都以为"古已有之"，而且是"今不如古"，因此对于洋学堂之类，一律蔑视。

所以,他的独子孔祥生只能进私塾读书,没有进过学堂受过一日集体教育。

然而,也有一件例外的事,当繁麟公得病,有半年时间没有痊愈,遍请名医诊治都无效,最后听从孙女婿沈雁冰的主意,专程到远处去请了一位洋人医生来。以他平日的言行,家里人以为他一定要大大反对,岂料当洋人来了以后,倒并没有出什么岔子,而且和洋人大谈起医理和世界大势,沈雁冰当着翻译,也大感头痛,临行时,他还起来和洋人握手,表示十分敬仰。这真使旁观者惊诧不已。

可是,洋人并不曾救了他的性命,没有过好久,终于不起了。等到祖父一死,许多亲属都料到这个家将因此溃败,所以曾建议祖母,要长孙子令俊(另境)辍学回家经管商务。令俊自然不愿意,同时其父亲也决不会允许的,所以连讨论都没有提出来,一切大权顷刻由父亲来执掌了。

孔祥生夫妇的悲剧

孔祥生(1873—1939),字问松,是孔繁麟和周氏的独子,周氏去世后,续娶的王氏没有生养孩子。因为是后妈,对独子不太好管理,养成他无法无天的强蛮个性。我的父亲曾经这样介绍他父亲:

> 因为他是祖父的独子,所以少就骄纵,虽然祖父家法素严,有着严峻的个性,但因家中人口众多,种种行为就不免容易

获得荫蔽，使祖父的视线无从发觉。祖母又早故世，后来的继祖母因为究非己出，也就任其作为。祖父也曾对他严加督责，如每日晨起必须随他一起习拳练字，然而，只要看不见祖父的话，他也就溜之大吉，而祖父事务繁忙，总不能整日看管他，家中其他人不但不能帮助祖父管教，而且因父亲为人强横凶暴，别人唯恐避之不及，所以每当祖父查询，大家代他掩饰。这样一来，父亲的脾气愈来愈坏，全家除了祖父一人可以管他，其他谁都不能对他有一言半语。他每日的生活，除了在祖父面前的片刻假作正经而外，可说完全在闲荡中过去，一切纨绔子弟们所做的玩意，他几乎应有尽有。

我父亲对他的父亲这样差评，我们小辈觉得不可思议。父亲接着又说：①

所以他到了十八九岁的时候，他胸中仍无点墨，祖父似乎也觉得"孺子不可以教"，因此决定使其从商，于是在本镇为其另设一家店铺，命其掌理。结果不到一年，店铺关门大吉，而且负欠了人家许多客账。祖父闻悉之下，大为震怒，为惩罚起见，一年内不给其费用，还不给他事做。然而这办法，不但不能使其行为有所改善，而且更助长了他的恶劣倾向。用费方面他自有神通，你不给他，自会有人借给他用；同时因为整日无所事事，更可将全部闲暇时间从事游荡计划。这一

---

① 孔另境：《一幅放恣的面影——为父亲的周年祭作》，载《庸园新集》，上海文艺出版社 2006 年版，第 169 页。

年几乎是他最坏的一年，嫖、赌、吃、喝，无一不做。最后，祖父也得到许多来自族人的告诉，觉得形势严重，因此决定为儿子完婚。

繁麟公之所以急匆匆地给孔祥生完婚，第一个原因是希望他的儿媳妇来管束这个儿子；第二个原因是打算让他成家以后去独立生活，不再使自己日夜操心。所以当结婚的时候，繁麟公对他的儿子严肃地说：

"现在我把你成立起家来，同时我再给你去设立一爿铺子，此后你一切都在那里了，能做得发达是你自己的福气，要是仍旧和以前一样不好好去守，也是你自己去受，我再不会给你一文了！"

这仿佛是一个重要的刺激，孔祥生暂时收束起他游荡的心情，娶沈氏（1870—1918）。完婚后，对于家庭生活所需的店务也能勤勉。夫人虽不满意丈夫过去的种种行为，但看他近来已能略守本分，自亦稍得安慰。在这种暂时平静的情况下，夫人接连生下了两个儿子和一个女儿。这两个儿子都没有长成，在极幼的时候就夭折了，三女儿长得非常健硕，即是世珍，家里人称她三娜（nò），这是家乡对女孩子的称呼。后来她帮助母亲沈宝生管理家务和抚养她的弟妹们。

我父亲排行第六，还有个弟弟排行老八，其他几位都夭折了，当我父亲出世的时候，正是孔家的全盛时代。这时繁麟公经营的事业蒸蒸日上，范围也日益广大，孔祥生的店铺也获得很大的发展，因此他又经营起另外的事业，和人家合开了几爿铺子，祥生公在年轻时代所丧失的信誉，这时恢复了不少。

但是，好景不长。俗话说，富不过三代，此话在这个家庭也应验着。照我父亲的说法，他的父亲是个"败家子"，在他手上，祖上的家业被他迅速败光。这是怎么一回事？为什么会这样呢？

孔祥生身材魁梧，体格强健，肤色又略带棕黑，一眼望去，仿佛行伍出身。他为人守旧，没有传承他父亲勤快节俭的好品德，他父亲的爱好也一样也不喜欢。所以，繁麟公死后不到两年，费他老人家数十年心血培养的数百盆景，首先完全枯死；其次，繁麟公平日积贮下来的几架图书，也被蠹鱼作食料，我父亲每次寒暑假回来提议整理，他一律不许。另外那些字画和古董，也被他糟蹋殆尽，这次繁麟公一死，连仅存的一点也失去了照管，据乡下来人的报告，已全部被族中不肖子弟偷窃光了。他的心思不在经营管理方面，性格倔强又固执。父亲孔另境说：

> 他的性格在严峻方面是承受了祖父的遗传，然而因其本身做事的荒唐，所以这种严峻就变成了暴恣。他的言行，在背后可说没有一个人服从他或赞成他，然而在当面就没有一个人敢反对他。他对待铺子里的伙计和工人，除了用极简单的言词对他们命令以外，从没有一句和他们商量的话，他们须在极简单的命令里体会他的意思，没有人愿意去要求他说得详细点，因为你即使再向他询问一百句，他也不会给你答复，而最可能的却是突然给你一句大声呵责。他对家里的人呢，照理总可以随便一点，和善一点，其实大谬不然，更其来得凶暴，他可以数天不和家里的人说一句话。而且他对一切都

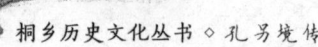

照旧章办理，如果发现了一点更改，那就倒霉，那主管者的一顿呵责是最便宜，要是小辈或仆役，简直一顿痛打，没有谁敢来求情。

所以，我父亲对他，真似"小鬼见阎王"一般，没有一点父子间的恩爱。

这样的性格确实很难让人亲近，而他自己又不求上进，曾经营南北货等店铺，最终因管理不善而倒闭。他管理店务，表面上似乎十分严厉，其实采取着"眼不见为净"的政策，只求在他面前做得十分方正，私底下的营私舞弊，即使有人向他举发，也不愿去追究，所以在他执掌管理的期间，下自工人伙计，上至祖母，几乎无人不作私弊，因而每当年底总结，每年都亏折数千。加之他自己的挥霍无度，不上五六年时间，繁麟公遗传下来的一点产业差不多只存一只空壳了。据说，店铺倒闭，却成就了他的底下的伙计，监守自盗，欺瞒东家，一番巧取豪夺之下，最后把店铺也夺去了。固然，这是祥生公做人的挫败，用人的不善，也难免被人耻笑。然而，身边这些人的狡诈和势利、怠惰和苟安，也是令人不齿。

孔祥生之妻沈宝生长丈夫三岁，长得很清秀端正，乃出自诗礼旧家，知诗能文，性格婉淑而懦弱，不轻言，也不善交际，空闲时背吟毛诗以自遣。这样的性格，很难驾驭她的丈夫。繁麟公期望她过门后能管束丈夫的愿望是落空了。

我父亲讲起他的母亲，语气中的依恋和惋惜始终交织在一起，说起他的父亲却是另外一回事。我父亲同情他的母亲，替她生前没有受到丈夫特别的关爱而惋惜。而且，对于他的外婆家，也很少有亲近的机会，对此，他似乎也很伤心。他在一篇《记外家的陨灭》（未刊，据手稿片段）中感叹地说：

> 世人以母亲的母亲称外婆，外婆的家是儿童的第二个乐园。外婆的宝爱外孙仿佛是出于天性，世上有不宝贝外孙的外婆么，除非她根本不欢喜她的女儿的。盛行的儿歌中有一首道："摇摇摇，摇到外婆桥，外婆叫我好宝宝，糖一包果一包，还有饼儿还有糕，你要吃，就动手；吃不完，拿着走。"

然而，他笔锋一转说，从上面的一首儿歌中，可见外婆之如何优待外孙和儿童之如何喜欢到外婆家去，然而世上也竟有享受不到这种福泽、生不逢辰的可怜儿，倘说得过大一点，则这个孩子等于一生下地就被摧折了一半的生机和乐趣，其后尚能生长得宜或竟有所作为者，可说是侥天之幸了。最后说：

> 我就是这不幸群中的一个。

我父亲写到这里中断了，没有续写下去，估计这是替他母亲写的纪念文章，这些残片文字被保留了下来，大约想有机会再继续写的吧？

他母亲沈宝生自从嫁到孔家，大家都始终称呼她"新娘子"。这是个可亲的称呼。可是，他母亲在这个家庭里却生活得郁郁寡欢，48岁早逝。这些都缘于他的父亲没有善待亲爱的母亲，

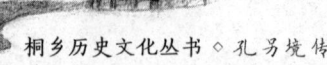
桐乡历史文化丛书 ○ 孔另境传

他们的结合是件悲剧。自己母亲的早逝，让我父亲感到自己是个"生不逢辰的可怜儿"。还可以举个例子。记得我父亲曾多次非常厌恶地回忆他父亲对待母亲的粗暴态度，说是每当要开学交付学费时，他母亲多次提醒，父亲都不理会，直至交费最后的时日，在母亲的再三恳求下，他非常不耐烦地一边大叫，一边把钱扔在地上，让母亲从地上去拣回来。这一幕被孩子看在眼里，始终印刻在心间，他不喜欢自己的父亲。

然而，这个不近人情的"父亲"的大幅相片，却始终挂在我父亲的书房兼客厅的墙上。大凡孩子吵闹，父亲会说："过来，你看看爷爷的眼睛！"确实，祖父一脸严肃，白胡子爷爷的铜盘的大眼直视着你，小孩子见状马上低下了头……

要知道作为儿子的埋怨是一方面，对于父亲的纪念又是另一方面。毕竟他们之间有着血亲关系。现在，我父亲留下唯一的一张墨宝，即是在上面那张父亲的大照片下的文字，他的思念和牵挂，他的责任和无奈都写在上面了。文字不长，全文照录如下：

先父名祥生，号问松，死在1939年8月27日巳时，活了67岁。当时他正避难在双林镇上，因此就死在那里了。我和弟弟都在上海工作，弟弟又正生病，当我们在9月4日接到报讯的时候，离开死已有7天了，那时日敌正在奴役我人民，我是发誓不踏日敌占领的土地的，因而我也就没有回去。三姐则远在新疆，更不必说了。

十三年以后的今年7月10日，特请我妻金韵琴同志下乡去，把父亲和母亲的两具棺材合做一个坟墓在乌镇东栅外民厚乡金塘桥祖坟上，无非是纪念的一点意思罢了。

另境记于1952年9月25日上海，
时有子女五人：建英，海珠，胜芳，乃茜，伟成。
（原件在乌镇孔另境纪念馆展出。）

这是父亲对他父亲的最后的文字交代。在我的记忆中，父亲有着很浓厚的故乡情结，曾经带领我们全家多次回乡扫墓。

大约20世纪50年代初的清明，春寒料峭，父亲带领我们全家回乌镇老家扫墓，说是让我们孩子认认祖、寻寻根。我们欢天喜地地从上海出发，先坐火车至嘉兴，再坐小客轮悠悠地在河上走了好一阵子，起先的新鲜劲渐渐淡了起来，转而对狭仄的小天地厌烦起来，怎么还不到乌镇呀？盼望好久的目的地总算到了，可是天公不作美，老是阴着脸，几天里好像没有见过太阳。在镇上过了两天，到处转转，三公四婆一个也不认识，只是赔着笑脸喊喊。最后，我们坐上一条有篷的船，在低低矮矮的船肚子里面，两边的木板又干净又滑溜，中间有个小桌子，船头有个小炉子，煮着茶水。虽然第一次坐这种船，但毕竟没什么耐玩的东西。父亲兴致很高地一路指点两岸沿河的景色，不时还用相机照上几张。其实那天的能见度很低，我们根本看不见什么有趣的地方，只是他的肚里有"一本账"，与带路的亲戚聊得兴高采烈。那次回乡给我记忆最深的，在船上我头晕呕吐不止，脑袋简直不能动弹，第一次尝到晕船的滋味。这时，父亲要我坐在船尾，眼睛看着船桨划出的一个个漩涡，被告知这样可以减轻晕船。这一招并不灵验,桨声咿咿呀呀地响在耳边,我只能无力、无奈地数着河里的圆圈,一路跟随。船摇了很长时间,说到目的地——乌镇东栅外民厚乡金塘桥祖坟地了,赶紧跳上岸去,神奇的是双脚刚踏上土地,我的头晕即刻就好了。是不是祖先在保佑我,表扬我老远从上海过来祭扫他们呢?

扫墓的地方,原来也就是随意的几个土堆,石碑上的字模模糊糊的,杂草把孤零零的坟地全部覆盖了,周围只有田地,没有什么树木遮盖。由坟亲为我们指认,才知道地下躺着是哪一代先祖。因为孔姓的祖先排名都有谱可依,不会乱了辈分。

父亲粗粗地整理着坟地里不规则的杂草和土块,嘴里嘟嘟嚷嚷着,像是与久违的先辈说几句话;母亲则拿出一些供品和香烛,奠祀时的情形与我们在上海过年时的情形相仿,在父亲的带领下我们依次拜祭。

孔家的祖墓和沈家的祖墓离得并不太远。父亲又郑重其事地带领我们依次向沈家墓地鞠躬,亲自照相留影,说寄给姐姐和姐夫看看,他已经代他们来扫过墓了。我记得,其中有沈老太太的坟。关于她的故事,常听父亲说起,称赞她思想前进,智慧而识大体。说起姑夫很听母亲的话,很孝顺。这些扫墓的照片现在还保存着,这次茅公逝世二十周年纪念会上,我带给韦韬表哥看了。他说,他小时候到乌镇乡下只来过两次。不知是否为了探亲,还是为了扫墓。

关于评价祥生祖父,他的三个儿女对他褒贬不一,总的来说他"真是一位不能使人亲爱的人物",而且承认他们对他可说都没有什么好感。然而,这里也有一点程度上的差别。我父亲说:

"我们同胞的姊弟共三人,我姐姐对他感情最坏,平日议论中往往无一句恕词,仿佛她会永远憎恨着的样子;我的弟弟对他感情要算最好,每当我们共同议论他的行为的时候,总会代他辩护几句,或替他掩盖一下;至于我,大致上说起来也没有好感的,不过每当想起他年轻时'叱咤风云'似的生活,暮年时的如此猥琐可怜,不禁有些怜悯,因此仿佛有点'过去的算了'。对父亲他有一种'恕和怜的混合感觉'。"①

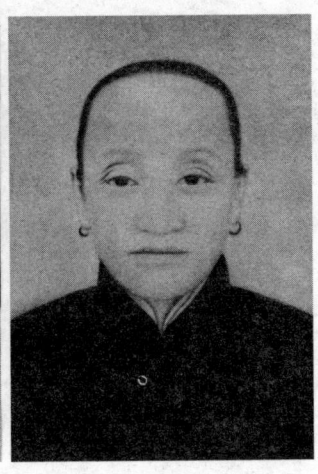

孔另境的父亲孔祥生、母亲沈宝生

这样说来也不难理解,因为他们三个在家里的境遇不同,在重男轻女的封建传统家庭里,儿子受到重视,女儿则是"赔钱货";儿子读书难,女儿则更不可能受培养,受教育了。不仅如此,按封建习俗,女孩还要缠小脚。这两点是世珍最不能原

---

① 孔另境:《一幅放恣的面影——为父亲的周年祭作》,载《庸园新集》,上海文艺出版社2006年版,第169页。

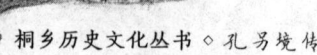

谅自己老家的地方。她要求进步，鄙视封建意识，对其父亲的所作所为深深不齿。在她的影响下，夫君雁冰对孔家有意见也是可以想象的。更何况德沚的两个弟弟还没有成年，本来富足的家庭，自从败家模式开始，出售家产和树林，连墓地的树也被不肖子孙出卖，家里的经济来源也成问题。作为姐姐的她，顾及手足之情照顾弟弟，成了她的责任。如此，会不怨恨这个荒唐的父亲吗？

第二章　富裕又守旧的大家庭

父亲的三姐孔德沚的亲事

父亲的三姐孔德沚（1897—1970），原名世珍，小名三娜，是沈宝生生育的第三个孩子，也是长女。是我的姑妈。由于出生在守旧的封建家庭里，他们不仅信奉"女子无才便是德"，而且女孩子还要被缠小脚，三娜再怎么挣扎也没有用，说全是为她好，嫁出去时体面。三娜不肯就范，吵吵闹闹声传到了祖母的耳朵里。祖母坚定地表示，不要缠

同胞三姐孔德沚

足，这才放了脚。但是，放大脚的骨头已经扭曲变了形，与天足不一样了。为此，女儿埋怨这个封建的家庭也理所当然。再者，她的丈夫沈雁冰家的家风与孔家封闭守旧完全不同，沈家崇尚科学，吸纳新思想，学洋文，思想开放，尤其是婆婆的开明和豁达，深深感染着她。她的眼界大了，思想高了，原本的要强个性释放了出来。再者，时代的新风吹进小镇，年轻人的选择首先是念书。

由于三娜在家只由母亲教她识字，没有上学念书。她早早地协助母亲料理家务，管教两个弟弟。1917年，她与沈雁冰结婚，婚后激发了她的好学上进之心，先后进石门的振华女校寄宿读书。迁居上海后，又在爱国女校读书。读书和社会交往打开了她的眼界，尤其受丈夫的影响，她积极投入革命工作，如为纺织女工识字补习，在学校担任义务教师等。1922年，由杨之华介绍成为中国共产党的早期党员。与夏衍同编在闸北区第三支部，撒传单、写标语，从不含糊。她个性坚强，作风果敢，为人严峻，勤俭持家。茅盾曾向我母亲金韵琴称赞："你不会相信，她干革命工作，胆子可大得很，能够沉着、机智地应付敌人！"她做妇女运动积极，活动范围除女学生、家庭妇女，还有女高级知识分子，以及革命老前辈如孙夫人宋庆龄。孙夫人很喜欢她，所以鲁迅逝世时，治丧委员会派她专门侍候孙夫人，寸步不离。新中国成立后，政务院委任沈雁冰为第一任文化部长，周总理给孔德沚的任务是照顾好沈部长。这样，做好后勤工作成了她的第一要务。

记得我小时候每当升学转校，填写表格中"社会关系"一栏时，总要填上姑父、姑妈、叔叔这三位我父亲方面亲人的姓名和职业。那时的感觉也没有什么特别，每家都有亲戚，只是父亲家少了一些。唯一觉着奇怪的是我姑妈没有职业，父亲让我填上"家务"这两个字。为此，父亲曾向我解释过，至今记得很清楚。

其实，我姑妈自新中国成立以后，没有担任什么社会工作，仅限"家务"，实在是委屈她了。姑妈是位很有能力、很会办事的革命妇女同志。如果追溯到以前,她是中国共产党的早期党员,为革命做了许多工作。新中国成立之后,许多夫人们都安排工作了,如康克清、杨之华、蔡畅等,孔德沚在革命大好形势下,也迫切要求参加革命工作,她向周恩来总理表白自己的心意,周总理认真考虑以后,回答她说:

"好,我给您安排一个对您最重要、也是最合适的工作——照顾好茅盾同志,他是我们国家的宝贵财富,今后要他为新中国描绘新图,为新中国做出新的贡献。您要好好照顾他,这是党交给您的任务。这比您做任何工作都重要!"

于是,姑妈受领了总理的嘱托,更加全心全意地照顾好姑父的生活,成了全职家务人员。

关于孔家与沈家两家结亲的由来,前面提到过,除了沈家与孔家因为是世交,想结为儿女亲家,双方的祖父又同有书法雅好,相交甚欢,于是订了娃娃亲。这不仅仅是口头表达,而是有正规的相互交换的帖子。关于两家结亲,之前还有个故事。茅盾在回忆录里有记载,我母亲在她的书中也说到过。沈家上代有位少年,孔家有位女儿,双方父母有共修姻缘之交的心意,沈家把女方的生辰帖子要去,因迷信镇上星相师,请他一算,不料他说联姻不得,有冲克,婚事也就吹了。这件事传到孔小姐耳里,她身体素来羸弱,想到自己命里克夫,永远嫁不出去了,郁结成病而亡。这样,沈家觉得亏欠孔家,于是,到沈雁冰和孔德沚这一辈,茅盾的父亲说不要理会,即使排八字不合,也要定这门亲。因此由沈家主动提出,得到孔家同意,终于不再卜吉问卦，很快给雁冰和德沚定了亲。

沈雁冰原名沈德鸿，字雁冰。他的弟弟沈德济，是沈家的"德"字辈。孔世珍嫁过去以后，沈家重新为孔世珍取名"孔德沚"。启用沈姓的"德"字辈，说明沈家母亲的开明和对世珍的重视，如同她多了一个女儿。老人家还有男女平等的意识，女孩也用"德"字辈排列。这是老人家的智慧。她知道女儿并不比男儿逊色，她自己是个例子；孔德沚经过她婆婆的调教，加上她要强的性格，日后也是一位令人刮目的人物。

需要更正的是，在茅盾晚年的回忆录里曾夸张地说，新婚的妻子只有小名"阿三"，于是母亲给她取了名。他这个讲法无非想说孔家的守旧和封建，女子在这个家庭里没有地位，也没有去学校念书。事实也确实如此。然而，她是有名有姓的，他不会不知道。茅盾曾用过"世珍"作为他的笔名。有据可查。这样，孔家（孔家是个大族）那些知根知底的乌镇人，得知这个讲法后，都跳起来嚷嚷不是这么回事。作为小辈我听了不少，特此更正一下。

因为茅盾的社会地位和影响，其不正确的讲法和影响一直存在着，在故居有关的讲解词中如此，在大学的讲堂上如此，甚至每逢讲到他们的婚姻，由于他们的文化差异，用取名这个笑话来说，影响很大。因为孔德沚的"德"与孔姓的"德"字辈，恰巧相差一代。按理，我父亲是孔姓第76代"令"字辈，而我是77代"德"字辈。所以，常常会引起误会，有人向我提问，你们是两代人，为什么都是"德"字辈？于是，我要费口舌解释一番。其实，拿我父亲来说，弃用了孔家的辈分排序，显然是受了"五四新文化运动"的影响，反封建，"打倒孔家店"，自己用"另境"笔名为常用名，他的子女也不再延用孔姓辈分的排序了。

早年，孔德沚是沈雁冰的贤内助和"外交家"，许多重要的文化活动她都陪同出席，还协助沈雁冰抄写文稿，《子夜》手稿的完整保存，得益于她亲自抄写了一份稿子，将抄稿交书店发排印刷。她还将原稿交给在银行工作的二叔沈仲襄，锁在保险柜里，才得以保存下来。

孔家由于母亲早逝，两个弟弟，一个9岁，一个14岁，都未成年，作为已婚姐姐，孔德沚对弟弟很是照顾，始终关心他们的生活和成长。

这里插入一段1991年10月23日我在北京夏公寓所，请夏衍谈孔德沚的录音记录（有删节）。

  孔：我有一桩事体想请教，夏公，您的一本书《懒寻旧梦录》中写到我姑妈，就是孔德沚的事，很好，很少有人说起她。关于孔德沚的形象，只看到有个秦德君写了很多，而且讲得不大好，讲我姑妈不少坏话，写得很不公正。

  夏：她是私人关系。

  孔：我想写些关于父亲，孔家门里一些人和事，孔德沚是重要人物。你在文章里面讲到过去与她一起工作的一些事，能不能回忆一点这方面的情况。

  夏：孔德沚是党员，什么时间入党我不知道，在上海，反正我跟她是一个支部,闸北区第三支部里,1928年以后的事,我是1927年从日本回来。

孔:时间长吗?

夏:好像到"左联"成立之前,"左联"成立之后就没有什么活动。

孔:大约茅盾从日本回来之后,就不去活动了。茅盾在日本时,她好像还参加活动的。

夏:对,还参加活动的。

孔:她具体搞点啥?

夏:我们在沪东搞工人运动,工人运动那时也不深入,后来我深入到纱厂搞包身工。当时找工人谈天呀,了解一些情况呀,有的晚上替工人补习识字呀。我还和她一起去贴过标语。

孔:我看到这一段好像很新鲜的。我知道她是党员,不知道她做点啥事。

夏:她是放大脚,所以跌了一跤,浑身泥水。

孔:那是夜里去贴标语?

夏:是夜里。

孔:她年轻时蛮有劲的。

夏:她是哪一年出生的?

孔:我爸爸是1904年,她大约是1897年,比茅盾小一岁,茅盾是1896年。

夏:她比我大。(孔:你是1900年)茅盾比我大4岁。

孔:你们在一起活动好几年,还记得有点啥故事?

夏:那时候党员纪律性很强,不大谈个人的生活。她是茅盾夫人我知道，因为我在日本认识茅盾了。

孔：你在日本看到过茅盾吗？

夏：看到过，茅盾回忆录中也提到，我老婆，还有几个留学生。茅盾在回忆录中讲，他回来后，我经常用到他家中去的，是他家里的"座上客"。（孔：这是在什么时候，是在景云里？）这是在"左联"成立之后，1930年夏天，我看到他们很好，没有什么事。孔德沚很识大体的。那时候，我们是一直做保密的，我知道茅盾的地方，茅盾不知道我的地方。那是组织上的决定，不串连。白色恐怖严重，你去串连，特务一盯梢就完蛋。特别是茅盾、鲁迅这样。当然，那个时候茅盾好些，鲁迅这样子国民党不敢搞。正像袁世凯不敢搞章太炎一样，因为影响太大。茅盾这样，对国民党尽管秘密，国民党也知道。有的时候也公开，如书店请客吃饭什么，如开明书店请客吃饭，这些事特务会不知道？当然知道。而孔德沚管得很严的。茅盾家务不管的，都是孔德沚管的。

孔：应该说孔德沚也做了蛮多牺牲。

夏：是个贤内助。

孔：是呀。我想孔德沚的情况，我们再了解了解。知道她对两个弟弟要求很严格，脾气也不是很好的，脾气也蛮急的，持家也很严的，对佣人管得紧，一天到晚要换佣人。我家中留下来许多姑父的信件，都是讲她又不满意阿姨了，到乌镇去再找个佣人来。都是这种事体。

夏：是这样，我知道。我老婆和她很好。她们都是湖州人，我老婆是德清，都是在湖州这一带。

孔：还有张琴秋、王会悟。王会悟你认识吗？

夏：不认识。张琴秋和我老婆也认识，张解放后为纺织部副部长。

孔：她们的照片你还有吗？我姑母的照片你有吗？

夏：没有。保姆的事我也知道，我老婆也喜欢换保姆，因为这，是有个矛盾，保姆嘛，总要买东西买菜，揩点油。孔德沚管得严，买的东西要过秤的。保姆用不长。

孔：她样样自己动手，样样管。

夏：她自己都会，所以她就要管了。

孔：我姑夫的日记中，常常记德沚今天怎么样，发脾气什么。现在韦韬把日记本公布了，给叶子铭研究。叶子铭一看认为他们夫妻关系不好，为一些小事叽里咕噜争吵。我认为不至于这样，事情是存在的，但不能把日记本中的事作为夫妻感情问题的根据，这是不科学的。

夏：这是小题大做。

孔：关于我爸爸的事，夏公你知道些什么？

夏：我不太熟。见过你爸爸几次，都在茅盾家里。茅盾对孔另境很管的，孔另境写的文章发表，他都看过，改过，很厉害的。他和我有同样毛病，他看作品，包括沙汀的作品，茅盾看了就改，最近出版的《浪潮滚滚》，茅盾批改的。（孔：当编辑的关系）我也是。看电影剧本也会改。（孔：看到不顺心，就要改。）他还厉害，成段地改，加批注之类。

夏：……

父亲的福弟孔令杰的一生

胞弟孔令杰（彦英）及作品《血债》

父亲的弟弟孔彦英(1909—1967)，谱名令杰。我的叔叔。他和我父亲令俊（另境）、姑妈德沚是同胞三姐弟。姑妈比他大十二岁，同属鸡，令杰排行第八，因"八"字的谐音不好听，小名阿福。我父亲行第六，小名阿六，比令杰长五岁，比姑妈小七岁。其余的兄弟姐妹都先后夭折。

他性格温柔、内向，年轻时多病善感。得其姐姐、姐夫资助读完中学，后返家乡植材小学教书，深受学生爱戴。1938年，因家乡沦陷，转到上海，由其兄介绍进华华小学、中学教书。业余从事写作，笔名司徒宗等。结集出版的小说、散文集有《迷雾》《血债》《昨日》等。始终独身未婚。在复旦大学附中执教时，曾得上海市优秀教师称号。1956年入党。他是孔氏三姐弟中最早去世的，终年58岁。

在我的记忆中叔叔的形象，虽然没有我父亲长得英俊，始终是瘦瘦的，病恹恹的，性格与我父亲也不同，然而他亲切和蔼。小时候，他和我们住在一起，看他空闲时，我和哥哥常缠着他讲故事，他摸着我的头，轻声细语地娓娓道来，讲《西游记》，讲福尔摩斯，讲《聊斋》的鬼故事等，总有说不完、听不厌的精彩。那时那景，至今我还依稀记得。

叔叔在江湾教书，平时，每周都要回家过周末，并住上一个晚上；逢年过节可以连着住上几天，他们大人除了吃饭、喝酒、打牌、聊天之外，叔叔会留意观察我们这些小孩，不时加以评语。有一次，他比较我两个妹妹，说一个心肠很好，热心助人，有些傻劲；另一个调皮，不动声色，会动脑筋。有一年夏天暑假里一天的下午，叔叔摸出钱说："谁去买点心？"我们几个都没有搭腔，大妹子说，那么我去好了。商量买什么样的点心？川公路有一个卖豆沙大饼的小店，大家都赞成去那里买。叔叔怕刚出炉的大饼烫手，叫妹子带一把大蒲扇，把钱给了她。没有多久，大妹子哭丧着脸回来了，大饼没有买到钱没有了。为什么？原来，叔叔把钱放在大蒲扇上给她，她小心地拿着扇子，可是走到川公路大饼店门口，发现钱不见了，这下急了，马上往回头路找，却怎么也找不到了，只能拿着扇子回家。听完这话，叔叔大笑，问她："你把钱放在扇子上没有动？""没有动，"妹妹说，"我平端着扇子一路小跑，想快些买回来。"这下我们全体都笑了，那年月用的都是纸币，一路小跑放在扇子上的钱不就都吹走了吗！

叔叔没有怪她,却一直说这件事给大家听:"这孩子实在。"

　　叔叔的去世是让我最伤心的,因为我远在北京串连,在姑妈家刚坐定,姑妈一边拿出一封父亲的报丧信,一边说,你看看。我展读一半眼泪马上下来了,想到来不及赶回上海见他最后一面,控制不住地哭出声来。姑妈安慰我说,你们在上海经常往来?我点头。姑父也从邻屋过来看我。我想起叔叔病重时,一个周日的上午,家里包馄饨,母亲让我提着篮子,放些生的馄饨坐车去复旦附中的宿舍看他,因为曾中风,他左手不能动抬,坐在床沿边,看到我把篮里的食品一件件取出,并找到锅子替他下馄饨时,叔叔放声哭了起来。我愣住了,很少见叔叔哭,这是第一次也是最后一次。他情绪有些激动,说了我许多好话。我能体察到他晚年的孤寂,如果身体状况允许,他会在休息日坐车来到我们位于虹口的家,甚至上桌打麻将,用他中风残疾后的好手,一把量衣尺照样把牌理得整齐。如今健康每况愈下,连出门也困难了,他的情绪很不好。我回家告诉了母亲,她也只能叹气。

　　叔叔的文章我们过去读得很少,他的笔名是司徒宗,是父亲告诉我的,家里只有一本他的著作。在他去世十八年之后,应"上海抗战时期文学丛书"编委会之约,由我编选他的作品集,所以集中读过他的作品,总体感觉他文笔清丽、流畅,写小孩子尤其生动,内容大都是描绘他周围生活着的一群人物,主要是教育界和城镇上生活的人物,留下了生动的时代印记。更可贵的是通过他的笔墨,我们能了解过去历史的细节,尤其是我们家乡乌镇的一幅抗敌画卷,反映了抗战时期人民受到的苦难以及他们反抗的吼声,可以作为历史文献的形象补充。

生前他出版过几种小说和散文集,有《迷雾》《血债》《昨日》等,我还找出不少散见在集外的作品,通过整理、取舍,编就十二万字的小说、散文选,仍取名《血债》,1985年6月交由海峡文艺出版社出版。

说到他和我父亲从事创作的起因,大约还是受到他们的姐夫茅盾的影响。

他们三姐弟虽然出生在一个富足的家庭里,但是到他们父亲这一代,除了不理财,不顾孩子,自行其乐外,还荒唐地把一份家产在两三年内迅速败光。祖母沈氏在他们父亲的压迫下,于1918年抑郁而死,时年只有48岁。祖母去世时,令杰叔叔只有九岁,这时其姐已经出嫁,得知两个弟弟在乡无人管教,征得丈夫茅盾的同意后,接令杰到上海商务印书馆附设的尚公小学念高小。尚公小学的国文老师严良才是创造社社员,很喜欢这个文静如姑娘的学生孔令杰,介绍许多文艺书刊给他看。茅盾又是搞文学的,家里的文艺书籍和杂志很多,使他有机会接触当时的新文艺作品,培养起他爱好文艺的浓厚兴趣,而且帮助他认识当时的社会,使他在幼小的心灵里产生模糊的正义感。

1921年暑期起,叔叔在茅盾家住了两年,高小毕业后回到家乡,投考湖州第三中学。录取后由姑妈负担学杂费,寒暑假回到继母处生活。姑妈和严良才老师经常寄予书报杂志。经过三年多时间的学校生活,1924年底他生了一场大病,辍学在家两三个月后,1925年初又一次来到上海,住在他的姐姐家中。因他的姐夫茅盾在当时革命学府上海大学兼课,经茅盾介绍,叔叔进了上海大学附中读书，参加社会活动。

有一次，上海大学同学响应北伐革命军驱逐军阀孙传芳的号召，上街演讲、撒传单，这个温文尔雅的十六岁少年，毫不犹豫地参加了活动，因而被捕。多年以后，他在日牢里再次被关押时，环顾四周，好像有些熟悉，他回忆："那时也曾经在类似的小屋子里被锁上一个月光景。记得当时我父亲为我被捕而痛哭、而奔走，结果竟在杀人魔王李宝章手中赦放了出来。"（引自《血债——二十天拘留回忆录》）这次牢狱经历，因为悲愤难友之死，促使他开始写作，处女作《狱中杂记》发表在《东南晚报》的副刊上。不久，"上大"被封闭，叔叔的读书生活就此结束。

1928年初，经我父亲朋友的介绍，叔叔回到故乡植材小学教书。从此，在小学教育岗位上工作多年，直到1938年家乡沦陷，他又一次来到"孤岛"的上海，父亲推荐他到上海大学同学会办的华华中学附小任教。姑父茅盾在香港办《文艺阵地》，知道叔叔能写些东西，在给我父亲的信中提道："福弟有闲，可写点居乡闻见来。"于是叔叔的文章经过茅盾指点后，刊登了出来，始用"司徒宗"笔名。

1941年12月8日上海沦陷之后，华华中学的老师高尔柏在家乡松江办了一所茸光中学，一定要他去松江执教。他知道在小城镇里，日本兵的气焰更加嚣张，但推托不掉，又找不到其他工作，只好去松江。从这时候起，他把"孔令杰"的姓名改换成"孔彦英"。换名的原因，是由自欺自慰心理产生的，认为松江是日本人的地界，不愿拿清白的名字去糟蹋。其实当时的上海人何尝不是如此。就这样，这个名字被用在所谓"通行证"

上后，一直没有更换，沿用到他去世。

叔叔在茸光中学教了一年以后，转到了私立建承中学去教书，建承中学校长戴介民是父亲在"上大"的同学，这是一所进步的学校，同事中有蒋锡金、袁明吾等。袁是地下党员，后从事实际工作去了。1984年7月蒋锡金在《忆司徒宗》一文中，回忆当时他们相处的日常生活，以及发现"司徒宗"原来就在身边的经过。然而，愉快的生活不久被凶残的日本宪兵来学校搜捕进步人士而告终。

建承中学的抗日气氛是较浓的，教师在教室里上课也会公开宣传抗日，年级的级刊、同学的周记、全校的墙报上也常有抗日的文字，甚至高年级的同学通过学校被送到根据地去的人数也不少。这一切引来了日本宪兵。1945年5月，叔叔终于被捕。同一天，我父亲在新中国艺术学校，也被抓捕到贝当路宪兵司令部。他们不是同一个案件，却被关在一起还互不知情。出狱后，叔叔撰文《血债——二十天拘留回忆录》；父亲是被拘禁四十一天后才被释放的。牢中他们同样受到了严酷的拷打、惨无人道的刑罚，留下终生疾痛。

新中国成立后，叔叔先在工农速成中学教书，培养了许多工农出身的干部。这个学校校址在苏州，他经常坐火车来到哥嫂家里，与侄子侄女们一起度假。后来，这所学校归并改为复旦大学附中，他任语文教师、语文教研组长。曾被评为上海市优秀教师。1956年加入中国共产党。

叔叔一辈子没有结婚成家，据说他在乌镇时有过女朋友，在学校任教时也有大龄女同学向他表示过爱慕之心，他当时的同事蒋锡金在文章中提到过此事，但终究没有结果，不知为什么。我母亲也曾撮合过她的女朋友与叔叔见面，但也不成功。大约一个人孤寂惯了，再要改变这样的生活也难。叔叔在苏州时曾领养过地主的小儿子，为他取名孔德华，培养他读大学。那时，他经常陪同叔叔来北四川路我们老家玩，我们兄妹相处也很好，后来，他去外地读大学或上班后，无法照顾叔叔，叔叔要求我的大弟伟成住到他家，帮助干些家务。叔叔写给我父亲的要求信，现在还在我的资料夹里，翻检时读到它，至今还很伤心。他的生活很简单，我的弟弟去了以后也基本吃食堂，一直到"文化大革命"开始之后，"停课闹革命"这段时间，也是弟弟和在复旦附中读书的妹妹乃茜帮助照顾他的生活起居。

叔叔生于1909年，卒于1967年。除文艺创作，毕生从事教学，他的学生可谓桃李满天下。1984年，我在复旦中文系进修的时候，在贾植芳导师家中，遇到章培恒先生，他亲口对我说，在建承中学求学时，孔彦英先生是他的老师。章先生没有忘记当年的老师，是令人欣慰的。大约也由于叔叔的语文教学经验非常丰富，令人敬佩，他也重视对中青年教师的培养，尤其对于高考的语文试卷，他每次总能料事如神地猜测到大概，使复旦附中的语文高考成绩在全市名列前茅。姜校长对他评价很高，认为他对学校的贡献很大。

可惜他的才学没有来得及充分发挥，他的教学经验没有来得及总结，就默默地去世了，终年58岁。父亲在怀念他的诗句中写道："亡来一年又半，如今又到中秋。回想临终时，无言无语神散，神散神散，至今音容宛在。"（《如梦令·忆亡弟》，

1968年9月11日写于牢中。）

他是孔氏三姐弟中最早去世的。孔氏三姐弟都晚境悲苦、凄凉，无法言说。写到此处，心酸袭来，泪珠止不住……如今姑妈的骨灰和茅盾合葬在乌镇西栅，乌镇还建有父亲孔另境纪念馆，他们都魂归故里，我们后人可以经常回去凭吊、扫墓。可是叔叔的骨灰安放在哪里呢？是否还有踪迹可寻？我们不知道。只有在此纸上燃香，愿叔叔在天之灵安息。我们小辈一直惦念您的恩泽，记得您的音容笑貌。

长房长孙就学难

我父亲孔另境于1904年7月19日出生在浙江省桐乡县青镇（现乌镇）的东栅。父亲原名孔令俊，字若君、孟养。孔姓的"令"字辈，为孔子第76世。他虽是孔家这一族的长房长孙，却是他母亲第六个孩子，小名阿六。他出生后受到曾祖父、祖父、父亲三代长辈的宠爱是自然的，况且还是好不容易才存活下来的长孙子，因此格外受到疼惜、宠爱。他继承了祖上的严峻、倔强、直率的性格，同时又有很活跃的个性。

少年孔令俊

父亲曾说,小时候身边伺候他的丫鬟不少,他们一起玩耍,非常调皮。在四代同堂的家里,长辈很多,又是长房长孙,老人们尤其希望有朝一日孙子能继承自己创下的家业。然而,他的祖父对后辈的教育却是除了四书五经之外,对教科书式的新式教育也极力反对的守旧之人。所以,父亲的求学之路并不容易。

　　父亲起初是在私塾里读书。父亲多次回忆起他的私塾老师,大名叫曹世平,他自称"百晓",向他请教什么,他都知道。是个饱读诗书又赶时髦的乡镇闻人,自费订阅的《新闻报》是每天必读之物。他又是镇上有名的塾师,在乌镇镇上自己家里开私塾,招二三十名小孩子,其中,特别喜欢父亲,称呼他"六相",也只有曹老师如此这般唤他,因为父亲是他母亲生养的第六个孩子,那个"相"字,在于很看好他的将来,以后是当官的料。还受家长之托,为父亲取名"孟养"。意在集孔子、孟子的学养于一身,非常了得。家长得到这个"字",自然很高兴。我父亲却并不喜欢,他说,字孟养,一次也没有用过。不过,家谱上已经记载上去了。父亲在曹老师的私塾念了两年,后来转到家乡的国民初等及高等小学。

　　曹老师的私塾也因为民国后教育提倡新式小学,学生都转走了,私塾也办不起来了,失业的他生活落魄起来,老是向"六相"的母亲告贷,母亲看不下去,看在曹老师待"六相"的好,开口向儿子的父亲说情,不日,曹老师到他们的店铺里做起朝奉来了,坐在店门边上的高椅子上。那时那景,那曹老师的故事一一浮现起来……直到父亲执笔写了一篇名为《曹老师》的回忆纪实文章。

之后,父亲进家乡植材小学读书。小学毕业后,他想离开家乡赴嘉兴的中学读书。可是,他的祖父个性极为顽固,对于后辈的教育,认为除了读"四书""五经"之外,什么教科书之类是他所极端反对的。所以,他的求学之路也几乎因了这位顽固祖父的反对而宣告中断。父亲起初是在私塾里读书,因为他们不同住在一处,后来转到国民初等小学及高等小学,都是一直瞒着祖父的,但是等到他高小毕业要进中学的时候,因为要到外埠,无法再瞒得住了。

那时,他的姐姐已出嫁,姐夫沈雁冰是从大学里出来的,祖父对其姐夫的广博知识,虽曾表示过相当高兴,但对他所受的那种洋派教育,始终觉得并不赞同。当父亲要进中学的时候,先由他姐姐来信告诉祖父,不意受祖父一顿严词训斥,后来姐夫又写信来代为要求和解,祖父读后大为生气,去信驳斥。他的姐夫只好又写信来再度辩解,祖父仍回信不允,如此往返驳难,经过好几个月,双方都洋洋数千言,大开笔战,因为其姐夫站在有理的一面,所以祖父驳斥时大感困难,往往漏夜握笔,穷思极想,仿佛感到非常痛苦,常常大声浩叹。到后来祖父虽终没有认输,然而已表示可以消极不管,这时父亲才终于获得了进中学的机会。

终生不吃四只脚的食物

记得小时候,父母亲总是教育我们子女不能挑食,什么食品都要吃,这样身体营养才均衡,身体才健康。对这件事的教育,父亲特别严格，我们小孩子都很听话，做到吃东西不挑食。只有我的一个小弟弟，从小没少挨打，因为他挑食。每回在饭桌上，父亲总关注着我们有谁不守这个规矩了。而每当弟弟有一个细小的动作，把不要吃的东西扔在碗外，或者藏在碗底，再或者放在嘴里磨着不肯吞咽下去……于是，父亲把筷子一放，停下来看着他，在他的威逼注视下，弟弟慢腾腾地还想混过去，我们在边上都为他捏把汗，最终，逃不过头皮上吃"毛栗子"，弟弟被弄得哭了出来，举桌不欢。

事后，父亲语重心长地说，这样严厉地责罚，都是为了你们好，长大了你们自然会知道，饮食上不挑剔，生活上没有不良习惯，是很重要的。弟弟不听话，以后有的苦头吃。他这样说，其实是因为他自己从小被娇惯坏了，他在饮食上的挑食不是一种二种食品不吃，说出来你可能会不相信，他凡是"四个脚"的肉食都不吃。为什么呢？要从他小时候说起……

据他姐姐孔德沚说，他三四岁时还是吃猪肉的，到七八岁开始就拒绝吃了。这是缘于他入家乡的私塾念书，私塾对面是一家杀猪场，他在私塾的座位，又正好望见屠场里的工作。于是，他每天看到无数生灵被宰杀，样子非常可怕，而且非常血腥，他便开始厌恶吃猪肉，而家里人，起初对他的这种怪癖听之任之，由着他的性子，后来，他父亲为了要治疗他，在他面前一边放了一把刀，一边放了一卷银大洋，威胁利诱，软硬兼施要他答应吃猪肉。结果无法使这个倔强的孩子屈服，只得让他的不良行为在家里得到默认，并且固执地坚持。从此以后，这个不良习惯被他推而广之，凡一切四足动物，都被排斥在他的食品之外，

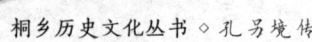

直至终生。堪称一奇。

在他的成长过程中,这种生活上的怪癖,很不合群,被人耻笑成"傻子";好心的以为他家族信什么教,忌吃猪肉而原谅他,一般他也不强辩理由。总之,由此而生发的笑话不少。

他的这个怪癖,文化圈子里的人都知道,成了他最主要的特征之一。据说,每次聚餐,上菜时,大家总要替他分析一下这道菜的组成部分,是不是有"四只脚"成分。有时候,他吃了一筷就放下了,别人问他为什么,他说,这个菜虽不是"四只脚"食物,但用猪油烧的,他一吃就知道。怪癖,让他放弃了很多美味佳肴。而饭桌上因为有了他在场,多了不少热闹,常常有人向他提问:你四只脚不吃,那么,没有脚的吃勿吃?多只脚的又吃勿吃?举出好多例子问他,欢声笑语不断。甚至还有好事者,把他的这个"爱好"写到书里。笔者曾见到一本《文坛史料》里这么一篇介绍:

"他(指孔另境)有点于普通人不同的脾气,那就是他不啖四足,兽如牛、羊、猪等的肉食,他平时荤的东西方面,吃的禽类如鸡、鸭和鱼虾之类,蟹尤其爱吃,而且吃得异常精细。他因为不啖四足兽的肉食,所以每遇人邀宴,必定把他一双锐眼将宴席上的菜肴看个仔细,免得吃错了,但是,牛奶和猪油他还是要吃喝的。他这种怪脾气,别人都弄不清楚,他之所以不啖四足兽的肉食,似乎是由于他幼年时逐渐养成的习惯使然,至于由怎样原因养成他也没有说明。"

因为父亲知道自己的饮食习惯不好,所以对于孩子的饮食教育就格外严格。在我们家,父亲虽然不吃猪羊牛肉,我们家里其他人还是吃的,而且他坚持要我们吃,只是做菜不太偏重肉类,而对于鱼虾特别讲究,把我们孩子个个培养成吃虾蟹的高手,谁把大闸蟹吃得干净,把虾壳吃得透明成型,都会得到他的表扬,我们孩子以能得到他的表扬为荣。

及至晚年,国家经济情况不好,买肉都要凭票证;父亲有病,营养不够,仍坚持不吃肉类。直至"文革"中,他被关押在虹口拘留所七个月,生命垂危,"保外就医"时,他沉痛地宣布:我要吃肉了。这世道人还吃人呢!我还可怜这些生物?!他把猪肉放进嘴里,却怎么也咽不下去。在旁的我们无话可说……

父亲的有关故乡故事中,有一则父亲最爱说的是有关家乡高亢嗓音和白直语调。

说的是一个乌镇人到上海逛街,看到地摊上有卖画片的,他驻足观赏。那卖画片的问:"画片要不要?"他高亢地回说:"晓!"卖画片的一听便把画片翻过去一张,又问:"这张要不要?"那人还是说"晓!"于是又把画片翻过去一张。这样,画片一张一张地翻,翻到底了,那乌镇人还说"晓"。那卖画片的发怒了骂他,他很委屈地说:"我是说'晓'么。"原来,乌镇人说的"晓"即是"不要"的意思。而卖画片的是上海人,以为上面这张画片他不要,而要他把画片翻过去,"晓"是指"翻"的意思,再看下面一张画。闹出这个笑话,父亲蛮得意。

最初听父亲娓娓道来时,很有味道,引得我们也学着说;继而听之,会发出会心的笑声;听多了已经不新鲜,当知道又要讲这个故事时,我们趣味不再,他却坚持讲下去,并且自己先黠

笑起来。其实,这是他思乡的故事,所以百讲不厌。

他以为自己离乡久了,虽然国语说的并不地道,上海话总得心应手。其实,"乡音未改鬓毛衰",乡音是很难减去的,尤其碰到同乡人,家乡话说得又纯又甜,我们在旁觉得听唱戏文似的,好奇地学讲几句,也过过瘾。其实,他姐姐和姐夫的家乡口音更重。因为沈雁冰和孔德沚俩人同是乌镇人,居家说话用家乡话,随意、亲切,与儿子韦韬对话也说家乡话。所以,乡音自然比我父亲一个人在家唱"独角戏"重多了。

养蚕,小孩子最喜欢;我们家养蚕,大人也喜欢。做这件事有些神秘,蚕有四眠,父亲对每一个步骤都仔细、具体地指导,好像在做一件伟大工程。

从一些撒落在纸上的小颗粒开始。父亲说,把纸放在暖和的地方,最好放在贴身处,用体温孵化。当时,我真怀疑这些颗粒真会活起来,可是,没多久它居然有变化了。

这些小颗粒来自乌镇家乡。前一年回乡时,父亲曾领我们到蚕房去参观,告诫要安静地看那白白胖胖的虫子,不要惊吵它们,不要乱动。我们在密不透风的蚕房里张望,一只只圆形的竹篱放在架子上,蚕宝宝都躲在层层叠叠的桑叶下面睡觉。我们轻轻地用桑叶喂它们,没有几个动起来吃那叶子。父亲说每年一度的养蚕是家乡人最忙碌的时候,晚上还要照料它们吃桑叶,它们蚕食桑叶的沙沙声音,到了晚上听起来很清脆。大约对蚕娘来说,这是世上最美妙的音乐。还说,茅盾写过的养蚕故事很真实,家乡人都很熟悉养蚕。就是那次回乡,父亲向蚕娘讨些蚕宝宝洒下的籽，准备第二年我们家里自己实验孵小蚕宝宝。

养蚕宝宝的过程如同今天养宠物，需要小心呵护。它们吃的每一张叶子都要用干布擦过，上面不能有水珠；它们的排泄物要及时清除，换上干净的垫纸；找稻草做成的架子，适时让它们"上山"结茧子……它们不能见阳光。于是，我们在桌子底下钻进钻出，放学回家，第一件事就往桌子底下钻。

父亲的痴迷不比我们差，下班回来总先问："蚕宝宝今天怎样了？"有一次，我们伤心地向他报告不少蚕宝宝僵直死掉了，父亲说是桑叶上有水，吃了拉青色的液体的缘故，还追查是谁做事这么粗心大意！父亲有些发火了。

桑叶在城市里很难搞到，花钱买一些还不容易，真担心蚕宝宝会随时断炊。有一次，父亲兴冲冲回家，上楼梯时就大声说："解决了！解决了！"原来，他在办公室讲家里养蚕的故事，他的同事说他家的园子里有桑树。父亲高兴地当天就跟随他回家摘桑叶，还说，可以源源不断地供应我们，一直到蚕宝宝光荣地完成它的天职——呈现四眠的不同变化。哦，太好了！

带头闹学潮被停学

父亲前往嘉兴念书，就像鸟儿飞出笼子。在时代的感召下，积极参加新桐乡青年社等活动。

在嘉兴读书期间，他无意中做了一件大事。这是因其姐孔德沚在上海向王会悟提议，一大会议转移到南湖上开会，可由其弟另境协助王会悟租借南湖游船。那时我的父亲在嘉兴二中念书，常和同学去租船玩，熟门熟路。那年他17岁。关于这段史实，我在2008年写过一篇题为《错过的历史——嘉兴南湖租船人》，较详细地作了阐述和考证。发表在《世纪》杂志上，后转载的报刊很多，得到党史专家的重视。写这文章的缘由是一次茅盾研究会上，有位学者向我征询：你父亲是一大南湖的租船人？当时，我一愣，回答：是呀，你怎么知道？我还没有写过文章。他没有告诉我出处，我也没有机会追问。回到上海，当我看到韦韬、陈小曼著《我的父亲茅盾》第一章第二节"中国共产党最早的党员之一"上讲道：①

> 由于经常为《共产党》写稿，父亲（茅盾——笔者注）与李达的交往也就日趋密切。那时父亲的一个远房姑母王会悟（她比父亲还小两三岁）从乌镇来到上海，父亲把她介绍给了李达，不久他们就结婚了。党的一大召开时，临时把会址转移到嘉兴南湖，就是王会悟出的主意；而在嘉兴租借南湖的游船，则是父亲的内弟孔另境（当时他正在嘉兴中学念书）出力联系的。

既然这个材料已经在书上发表了，我想不妨把自己知道的也掏出来。

因为，关于南湖租船人的史事，我早年已从父亲口中得知，只是苦于没有文字记载可以对照查证。现在，有人这样明确地

---

① 韦韬、陈小曼：《我的父亲茅盾》，辽宁人民出版社2004年版，第8页。

叙说，太令人兴奋了。我的父亲孔另境是"一大"在嘉兴南湖开会时的租船人，他曾配合过王会悟的秘密工作。虽然已是错过的历史，至今有人补充述说它的过往，把一段光荣历史的真实记录下来，仍是很重要的史料。

那么，究竟怎么回事呢？父亲生前为什么并没有回忆这段历史的文字记载？至少，目前还没有发现他有关这方面的自述。然而，从我小时候起，父亲在聊天时会讲述那条嘉兴南湖的红船，讲起自己年轻的时候……

在我记忆深处还有这么几件有关的事情：

记得1964年4月，我曾陪同父亲回家乡乌镇一次，那时交通颇为不便，从上海出发，先坐火车到嘉兴，再转坐内河的船到乌镇。回程时，当然也要到嘉兴转车，那天，父亲特意预留了时间，提议去一次南湖。我们父女俩在南湖岛上的烟雨楼前拍照留念，还特意在南湖游船前驻足。那天，这条船并不停靠在岸边，远远地望过去，在湖中停泊着一条颇为"典雅"的船只，没有什么特别，父亲对我说，这条游船有着非凡的特殊意义。当时，我还稚气地问他，它真的就是1921年租用的那条船吗？父亲笑了。接着他说起当年租船的事，其实也很简单。显然，他的思绪在回忆到过去，他指着湖边不远的房子说，此地我熟悉，在这儿来租船的。那时，我在嘉兴二中读书，课余经常和同学来南湖游玩。帮助王会悟去租船，由我出面租船很方便。

大约，还要早几年，1959年左右，父亲有两次很晚才回家，他说到嘉兴议事开会去了，为了修复一大开会时租用过的船。我问，为什么找你？他说，我对嘉兴的游船熟悉，去介绍一下当时具体的情况,包括船只内部的结构特点等。他们还请了其他熟悉情况的人。又过了一段时间,父亲收到南湖纪念馆寄来的两张方形照片,说是修复船的实景,《南湖革命纪念船》《中共一大革命纪念船船舱》,请父亲提出意见。这两张照片至今还收藏在我的资料夹里。

南湖革命纪念船

就此,我知道这条船和父亲有点关系,但不便信口说话,毕竟我知道此话说出口的分量。

然而,也不是没有不透风的墙。在我的日记里有一段记录,不妨抄录下来:

1979年7月29日　星期日

　　下午去徐恭时家,他非常用功,掌握材料很多。几个月前（3月18日）他对我说，他知道一大南湖租船的事，与我父亲和茅盾有关。我很惊奇,他怎么知道？今天又特意去问他，关于南湖租船的事。回家，又问了母亲，情况大致是一大会议在兴业路开了几天，以后需要转移，想去杭州，但考虑太闹。此时李达是代表，他夫人王会悟是乌镇人，与姑妈孔德沚很熟，他们商量去南湖比较好。具体借船人是父亲，这时他在嘉兴读书。茅盾也是有关人员。在恢复这艘船的时候，父亲和茅盾都去看过这船，对这船的格局提出意见。

早年（约1961—1962年），徐恭时先生曾是"茅盾资料编辑小组"成员，他们做了许多调查研究工作，查阅了大量报刊资料，同时也访问了与茅盾有关的一些亲友和知情人，获得了大量的第一手资料。他掌握的"南湖租船人"信息，大致也源于做这个项目的时候。但是，我没有看到他们当年的资料记载，至少现在还没有发现。

那么，茅盾是否知道召开"一大"会议？他在《我走过的道路》上册第174页说：①

> 1920年7月上海共产党小组成立了。发起人是陈独秀、李汉俊、李达、陈望道、沈玄庐、俞秀松。……我是1920年10月间由李汉俊介绍加入共产党小组的，和我同时参加共产党小组的还有邵力子。
> 1920年12月,陈独秀应陈炯明的邀请到广州办教育去了,

---

① 茅盾：《我走过的道路》（上），上海人民出版社1981年版，第174页。

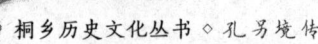

我和李汉俊等都去送行。……李汉俊此时忙于召开共产党一大的筹备工作,已经够忙了,仍努力为《新青年》写稿,……"一大"选出陈独秀为总书记,但陈独秀当时尚在广州,并未出席"一大"。上海出席"一大"的是李汉俊和李达。"一大"以后,李汉俊与陈独秀、张国焘,也与国际代表,在建党问题上意见分歧……

以上两段文字内容,可以了解到沈雁冰(茅盾)对于召开"一大"是完全知情的。

我还注意到王会悟的几次叙述:

其一,1991年冬季和1992年8月,桐乡人柏春带着录音设备,两次赴北京看望和采访了王会悟,听她亲口讲述1921年的历史。王会悟用带着浓重的乌镇口音讲述1921年在嘉兴南湖举行的那次重要会议情况:

"上海侦探很多,'一大'没开完就被发现了,李达也不知道下一步到底怎么样。他们都是书呆子……有人提议去西湖。我说怎么能去西湖呢,已经被巡捕房注意,即使到了杭州也是要被察觉的……刚开始,大家讨论,后来结论是,这也不能去,那也不能去……还有人说,会总是要开的嘛。于是,我就说,要去一个大家想不到又可以去的地方……我说到一个大又不大、小又不小的地方去。去南湖,是我一个人提出来的。董必武特别赞同。"

谈到为什么提议去南湖时,柏春的录音带里再次传出了王会悟的亲口解释:"火车来来去去都通的,打听的侦探也少。我说嘉兴的情况我熟悉,要是有事的话还有我同学,我在嘉兴读过书,朋友都是有钱的。至少我的朋友不是地痞流氓,不会出卖……我还跟他们讲,桌上要放一副麻将,有情况时可以作掩护……"

其二,在乌镇西栅王会悟纪念馆,在题为《"一大"卫士——王会悟》"再献良策到南湖"一节中介绍:

"……于是,王会悟立即受命了解上海到嘉兴的火车班次,又先行赶往嘉兴安排一切。她先到市区张家弄鸳湖旅馆包租两间客房,作为代表们歇脚之处,又托旅馆账房代雇了一艘中型画舫式游船,还预定了一桌酒菜。安排完这些,王会悟便到车站迎接代表们的到来。"

"王会悟虽然不是正式代表,但她用自己的机智和勇敢出色地确保了'一大'会议的顺利召开和圆满结束。中国产生了共产党,这是开天辟地的大事变,王会悟为此作出了不可磨灭的贡献。中国革命从此翻开了新的一页!"

显然,王会悟在回忆中突出了她个人的功绩,这是她应该有的光荣。别人似乎不便补充和更正当时鲜活的情况。父亲生前不用文字记载下来当时的有关细节,大约也出于此心,不掠人之美。然而,细节的真实,才是时代的真实。为了准确无误,2008年3月29日,我拨通了北京韦韬家的电话,向他核实情况。时年84岁高龄的他,再次肯定他在书中的记述是准确的,是他们家父母亲在世时讲述的史实,他耳熟能详并记忆犹新。

考虑再三,把这件事记述下来,为的是不被岁月的流逝而湮没得无踪影;或者,若干年后有史家考证时,可以作为有关材料的补充。是为幸。

1922年春，父亲在嘉兴浙江省立第二中学读书时（地址在天官牌楼），有人来告诉他："你的姐夫来嘉兴开会。"他曾到南湖见到沈雁冰。其时，桐乡青年社在嘉兴南湖烟雨楼举行扩大会议，吸收了一批新社员。其时成员有：沈泽民、王会悟、孔另境、徐仲英、沈雁冰、孔德沚、金仲华、郑明德、曹辛汉等。

父亲因在嘉兴浙江省立第二中学因带头闹学潮被迫停学。查《申报》1922年6月26日记载：嘉兴浙江省立第二中学三年级学生五十余人，因与数学教员意见龃龉，该校学生遂于24日向代理校长请求撤换教员，校长不允所请，遂令请愿的学生25日上午一律离校。

被学校除名的孔另境，其祖父要求他回家乡从商继承祖业，长孙他却不愿株守家园，受时代先进思潮的影响，拟赴沪升读大学，祖父仍不以为然。此时，又幸得姐夫沈雁冰的帮助，他的祖父只得退让，其长孙乃得款赴沪考入当时的革命学府——上海大学。

第三章 在革命的摇篮里成长

在上海大学的熔炉里

第一次"国共合作"时期诞生的上海大学，名义上是中国国民党党立学校，实际上是中国共产党主掌的以共产党员为骨干的学校。"武有黄埔，文有上大。"中国共产党早期领导人邓中夏、瞿秋白、陈望道、施存统、恽代英、沈雁冰等曾在这所学校担任校政工作；李大钊、蔡和森、章太炎、萧楚女、田汉、俞

青年孔另境——上海大学时期

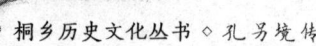

平伯等到这里演讲、授课；进步青年也被革命理想吸引进入这所校舍简易的学校，他们中有丁玲、孔另境、张治中、施蛰存、戴望舒，等等。1927年"四一二反革命政变"后，上海大学被封闭。

他的姐夫沈雁冰在上海商务印书馆工作，同时在上海大学义务兼课。他教授的是"小说研究"和"神话研究"。因为他对上海大学的情况相当熟悉，当时他还担任共产党上海地委书记的职务，他推荐内弟报考这所学校。于是父亲落脚在他们顺泰里的家，每天一早他们俩一同步行赴校，当时上大在闸北青云路上，上完课沈雁冰到商务印书馆去上班。

父亲入上海大学中文系学习，旁听哲学系的课。他如饥似渴地吸收新思想、新学识，浑身充满着青年的革命激情。丁玲曾说，孔令俊在上海大学时是很活跃的人。施蛰存、戴望舒进校后，第一个认识的同学即是孔令俊，因为他的关系到老师沈雁冰家中玩，令俊住在他家的亭子间里，他们差不多每个星期都去，还和令俊的姐姐孔德沚谈谈家常，或者随便翻翻书架上的外国文学书，借书或闲聊时，不太打扰沈老师在译书。

在上海大学念书的情况，父亲喜欢旁听哲学系的课。他有文记叙：

> 从全国各地汇集拢来的数百个腾跃的生命，在简陋的几幢民屋内做着拯救中国命运的工作……以四间民屋的客堂连贯辟成的狭长的教室内，拥挤得无从插足，数百颗活跃的心灵期待听受一次庄严的启发。时间在晚上，而地点又落在上

海之北郊，四周的民家都已在准备作梦寐的休息了，可是在这狭小的天地里却显得紧张和活跃，仿佛像寂寞空旷的古寺里的一盏"长命灯"。

突然一个瘦长白皙的人形出现在前面的讲台上，谁也未注意他是什么时候进入这个讲室，这反乎常例的出现，顷刻镇压了喧嚷的人声，站在讲台上的人仿佛迟疑了一下，又似乎故意等待了一下，才用极低的声压吐出了一句话来：

"我是瞿秋白。"

瞿先生的声调始终没有怎样高昂，他的全篇演词非常冗长，可说完全是学术讲演的方式，中间并没有什么激昂慷慨和声色俱厉的表现，这和我们平日习见习闻的那些革命领导者的鼓动式讲演完全异趣。在当日的情景之下，这样的讲演实不为大家所欢迎，可是究因为震惊于瞿先生的大名，没有谁甘愿牺牲这项应得的权利，所以大家勉力提起精神一直听到结束。

之后，瞿先生就在这个集团里担任了社会科学系的主任，领导着最活跃的一群青年从事于革命理论的研讨。

我虽不是这一系里的学徒，但这一系里的功课却自主地选读了几种，其中"社会哲学概论"一门正是瞿先生所主讲。这一门的内容原本相当深奥和干燥，而先生讲演方式似乎又太偏于学院式一点，先生的口才原不算差，但比之日常接触的其他许多革命领导者，他们那种口若悬河的雄辩，自有不逮之处，所以一般人对先生功课的感想总觉得有些沉闷，而这"社会哲学"当然更其来得沉闷了。

先生在那里负责大约不过一年，因为其他工作的繁忙，就辞去了这里的教职，所以受过他育泽的青年并不很多。我因为当时寄居的地方正是瞿先生住所的邻居，因此还能间常过从，一窥他日常的生活。①

那时他姐的家在闸北顺泰里，与瞿秋白、沈泽民是邻居。

1924年，上海大学校址从闸北青云里搬到当时的西摩路（今陕西北路）南阳路口，很多同学和老师搬迁到学校附近居住。那里刚刚造好的一片住宅区，好些人搬到了这民厚南里、民厚北里。父亲也经常去那里，看望同学、老师，甚至借宿，留下不少生活印记。

民厚里以前是哈同(1847—1931)的产业，犹太人在上海发了迹，在沪西旷无居人的近郊买了一块地，用三分之二造了一个哈同花园，另外三分之一由他的管家姬觉弥造了二片石库门式的中国里弄。他们很会算计，建造一所花园，长时期需要很多工人，也需要供给工人生活的住房，附近新建的单位职工也需要住房，作为一项投资，他们在花园左侧建了这片住屋。前从福煦路(今延安中路)，后到静安寺路(今南京西路)；左从哈同路(今铜仁路)，右到赫德路(今常德路)，占地一大片，中间留条安南路(今安义路)，把民厚里一分为二。南面的七条弄堂称民厚南里，北面的五条弄堂称民厚北里。这片里弄造好以后，果然吸引了不少工人和附近的职工。近段常德路电车场的

---

① 孔另境：《记瞿秋白》，载《庸园新集》，上海文艺出版社2006年出版，第190页。

职工，静安寺路中华书局编译所和印刷厂（现上海商城的地点）的职工，上海大学1924年2月从青云路搬到西摩路（今陕西北路）公共租界后，他们的学生也有住进了这里。这条里弄有名气，还在于这里住过不少文化名人、历史人物。中共上海党史记载：1920年5月5日毛泽东第一次由北京到上海，即寓于哈同路民厚南里29号（今安义路63号），从事驱逐湖南张敬尧的宣传，并和陈独秀讨论马克思主义的经典著作的问题。到沪后的第三天，即与旅沪的和准备赴法勤工俭学的新民学会会员，在半淞园举行会议。可以想象，来沪后毛泽东的活动都从这所房子出发，并在这所房子里写下了历史重要篇章。在这条里弄，曾有过重要的文学社团，出版社社址，曾发生过许多历史故事，文坛趣闻，社团风云。有的人物就此销声匿迹，有的登上革命征途，有的发生信仰危机，有的吵吵闹闹各分东西。这里曾演绎过一幕幕历史，一场场悲喜剧。

上海大学学生中，施蛰存是民厚里最早的居民之一，他曾二度在民厚南里、民厚北里住过。据施先生文章中介绍，他在上海大学就读时，和同学戴望舒住进了这里，原因是这里离学校近。我想还有一个原因是这里虽地处那时的沪西近郊，却有不少文化人住在这里，并不寂寞。施先生在这里认识了在中华书局编译所工作的田汉、张闻天、郁达夫等。当时田汉是上海大学中文系的兼职老师，刚和夫人易漱瑜从日本回国，在中华书局当编辑。虽已出版《三叶集》一书，但初登讲台，还不老练，讲授西欧浪漫主义文学，没有教材。由于同住一条里弄，打听了一下，当晚他便和戴望舒去串门拜访。那时，施蛰存、戴望舒和我父亲才二十来岁。

还有趣的是，他们刚搬进民厚北里的一间后厢房，只听见隔了板壁有一伙人在吵吵嚷嚷地谈话，仔细一听倒蛮有意思，是国家主义派的一群人在争辩，有左舜生、田汉、曾琦等。他们那时编辑出版《醒狮周报》，这前厢房就是他们的社址，房主是左舜生。由于误入此地，夜夜听隔壁，于是，也认识了国家主义派的一群人。住了半年不到，他们搬到民厚南里，又结识了创造社一群人。

那时，张闻天也住在这条里弄内，他是中华书局编辑。我父亲和张闻天的弟弟健尔很熟，又同是上海大学中文系的学生，父亲来到这条里弄，找健尔，也找施蛰存、戴望舒。施先生在《怀孔令俊》中说："因此，我们由令俊的介绍，认识了健尔，又因此认识了张闻天，那时他正在译俄罗斯作家科洛连珂的《盲音乐师》。"

1996年的一天，我去看望施老伯，问起民厚里，他还记得近民厚南里常德路上有家小酒店，住在这条里弄里的文化人常去那里吃小吃，他和戴望舒也去，那里的菜烧得不错。记得张闻天最喜欢点的菜是香拌芹菜，每餐少不了。田汉、郭沫若、郁达夫等人也常去那里。有一次，郁达夫还喝醉了酒，在马路上躺了一夜。这样的老古话，大约也只有施老伯才知道了。

从1924年起，父亲发表作品用"另境"笔名，以后孔另境成为他的常用名。目前发现他的第一篇作品是论文《促男女同校之同学的注意》，发表在《学生杂志》11卷9期（1924年9

月5日)。那时他还在上海大学求学。当时,关于男女同校同学,这个话题是新鲜的,是反封建意识的表现。可见他发表的第一篇文章,即是充满时代前进气息的政治判断很强的文章。

关于在上海大学求学时期的青葱岁月,父亲曾发表过几篇回忆文章,平时我们在他的聊天中也得知不少有关故事,更神奇的是,家里还保存着半个多世纪前他的上海大学毕业证书原件。

记得是2014年10月的一天,新上海大学成立二十周年,学校把纪念活动的重点放在新建成的"溯园"。这是为纪念老上海大学(1922—1927)而建,是一座校史陈列的室外展示区域。

落成典礼那天下午,十月的煦丽阳光,照得我们身心都暖洋洋的。来宾们聚集在学校本部正门东侧的广场上,一个小时的仪式,除学校领导致欢迎辞和介绍嘉宾,颇为意外的是高龄的老上大校长于右任的小儿子于中令先生专程从美国赶来,在他赠送校史馆亲泽的对联后,欢快的鼓乐声响起,他与上大校长共同为"溯园"揭幕。

作为受邀参加这个典礼的老上大师生的后人,听得介绍来宾,个个都有来头,令人肃然起敬。有老上大副校长邵力子的孙子,教务长叶楚伧之子;教师有任弼时之女,恽代英孙女,沈泽民外孙女,张太雷外孙,丰子恺外孙,蔡和森孙子、孙女;学生有博古之女,孔另境之女,杨之华外甥女,杨尚昆之子女。还有曾在老上大演讲的李大钊孙女和中共早期领导人李立三之女,等等。可谓红色名人的后代聚集新上大,这是新上海大学二十年建校历史上的第一次。

"溯园"园区占地面积1800平方米,从建筑设计来说,它由四面弧形的墙体、校址地图广场以及从广场中心向外发散的环形小道组成,形同年轮,寓意20世纪20年代上海大学的光荣历史、葱茏岁月。我们一边听得引导员的介绍,一边迈步踩在青砖碎石的小道上,好像穿梭在老上海的弄堂里面。左边的墙体上不时有"作品"向我们展示,那是一条历史的时光隧道,墙上刻录着老上大的校史,以大事年表的形式,演绎了老上大从建校、发展、变迁,直至被迫关闭的过程。还有大学章程墙、师生名录墙等。每个组合都诉说着它的不凡经历;每一个条目都有着一个冗长故事。四组黑色的大型浮雕作品镶嵌在墙体上,引人驻足注目,分别为"欢迎于右任校长""李大钊演讲""平民夜校""五卅运动",重现了老上大历史上的经典场景,简要地展示了这所学校虽然仅仅存在了五年,却以非凡的活力在现代革命史上、高等教育史上有着不可替代的地位。果然,引导员说,这个设计理念在于意味着老上大是从石库门的"弄堂大学",几经搬迁,全校师生经历了通向现代化的新上大,有着薪火相传的意味。

　　当来宾们怀着崇敬的心情徜徉在这"时光隧道"里,打量着墙体上的文字,仔细一看引起一阵惊呼,大家相互呼应着、指点着,纷纷寻找与自己前辈有关的记载……这时,我和妹妹明珠意外地发现父亲的毕业证书清晰地镌嵌在墙上。呀!他们从哪里得来的?实在太意外了!

第三章 在革命的摇篮里成长

"溯园"墙上有父亲的毕业证书

父亲孔另境是1923年夏入学,1926年7月在文艺院中国文学系毕业(据文凭上记载)。父亲在自述中说,他在校三年,学习革命理论,接受时代之号召,参加中国共产党组织,从事工人教育。参加五卅运动,在南京路上撒传单时被捕。半个月后被济难会保释出狱。离毕业还有几个月,父亲应姐夫沈雁冰之召唤,离开学校去广州参加实际革命工作。那时,广州是国民革命的中心。他在国民党中央宣传部(代部长为毛泽东)工作。当时有相当一部分学生,因为客观的革命要求的迫切,或者自身的各种考虑,没有读完全部课程就离开了。他们没有拿到毕业文凭。1927年"四一二"以后,学校被封,学生被捕,师生星散……直到十年之后,1936年3月26日国民党中央执行委员会第八次会议通过了于右任关于"追认上海大学学生学籍与国立大学同等待遇"的议案。这是于右任校长的争取。为学校曾经的学生补发毕业证书,虽然仅仅五年校史,也是属于正规的学校,有着"武黄浦,文上大"的美誉。有了学历证书,便于他们寻找工作。

得到可以补办毕业证书的消息,父亲孔另境已经办好了。施蛰存曾是上大学生,在二年级后转到震旦大学继续学业的。他写信给父亲,帮忙替他补办一张毕业证书。这封信我看到过,现在还在。至于是否办成功,就不得而知了。

仔细看手边那张大大的毕业证书,宽52公分,高50公分,可谓超级大型。最上端印有孙中山头像,两边有青天白日满地红的中华民国国旗和蓝底的国民党党旗。

证书正文:"学生孔另境系浙江省桐乡县人,现年二十二岁,在本校文艺院中国文学系修业期满,成绩及格准予毕业,得称文学士。此证。"左面是大大的"上海大学钤记"的红色印章盖在"上海大学校长于右任(签名及盖章)"之上。下方是孔另境四寸正面脱帽照,照片上盖有钢印,有着不可调换的权威。日期注明"中华民国十五年七月",盖有一枚红色的大印章:"教育部印"。还有"大字第54172号"编号。补发的日期为:中华民国二十六年七月。这张毕业证书的正规,还在于反面盖有骑缝印章:"中字第贰玖号。"然而,稍稍再留意一下,在右边的角落上有一枚蓝色的橡皮图章的印记:"该生毕业资格经本部于廿九年四月日核准追认。"以及左边有"中华民国廿九年四月廿五日验讫"这样的印迹。

这是为什么呢？1937年7月补发的证书，到1940年4月25日还要"核准追认""验讫"？

参阅父亲的经历，1940年时他36岁，上海正处于"孤岛"时期。为适应抗战宣传和培养人才的需要，他在上海大学同学会创办的华华中学的基础上，创办了华光戏剧专科学校。延请柳亚子、陈望道、胡愈之、周剑云、唐槐秋等任校董，吴永刚、周贻白、鲁思等任招生委员。特约讲师有于伶、阿英、许幸之、赵景深等。父亲任校长，鲁思任教务主任。当时留在上海的左翼文化人，几乎都和这两所学校发生过关系，或教课，或演讲，或学习，或秘密集会，在抗战文化宣传工作上，起了一定的作用。父亲是这两所学校的实际负责人。

那么，是不是为了向租界工部局登记或注册，需要负责人的身份证明，包括他的学历证明呢？很有可能这张毕业证书派上了大用场。应验了当初于右任的议案"追认上海大学学生学籍与国立大学同等待遇"的实际好处。于是，在验证时被加上了"核准追认""验讫"的印章。

五卅运动中第一次被捕

在上海大学的五年校史中，五卅运动的爆发是重要的历史节点，因为上海大学是策源地，提供了思想准备和先进的人才。充分体现这所学校是第一次国共合作时期诞生，实际是中国共产党主控的学校，是培养共产党员的场所。五卅运动锻炼了干部，体现了学校的教育成果。

父亲生前经常激动地向我们回忆那时上街的情景。他上街,他姐姐孔德沚、姐夫沈雁冰、叶圣陶的夫人胡墨林、杨之华等都上街抗议。在他们的人生历程上也是少有的。我父亲是在南京路撒传单、喊口号时被巡捕房逮捕。这是他第一次坐牢,记忆特别深刻。日后,他高呼:"一九二五年是一个飓风骇浪的年代!"他在怀念革命的摇篮上海大学时,无比骄傲地说,二十四年前"中国的工人和学生以无比的英勇来反抗帝国主义的侵略!我们知道,领导这次伟大反帝民族斗争的是中国共产党,正确地勇敢地执行中共政策的是当时革命的上海大学学生。""凡是参加过当日如火如荼的这一运动的人们,总不会忘记当时'上大'学生的英勇姿态的,第一个牺牲在闸捕房门口的是'上大'的学生何秉彝,后来发动上海各大学生参加这运动的也是他们,到各工厂去组织群众的又是他们,当时领导上海工商学联合会,主持人民外交的也是'上大'学生。'上大'学生无疑是那次民族斗争中的先锋队。"他有着非常强烈的"五卅"情节。当时就立志写一部"五卅运动"史。他说:"光荣的史册上将记载着这许许多多英勇动人的诗篇,而'五卅运动'只不过是这些诗篇中的一篇;然而,它却是最伟大的诗篇。它是直接为1926年开始全国解放战争准备了思想基础和人力基础。它以血的教训打破了'第三条道路'的幻想。我作为参加当年运动者的一分子,回忆那些热血沸腾的日子,又想起那一年以后奔赴广州时的心情,一种油然而生的责任心和干劲,使我坚决要完成这件有意义的资料搜集工作。"可惜的是,他这部心血作品有100万字,蔡元培先生亲笔题写书名,原件尚在,却至今没有出版。

这年，他因积极参加"五卅"等政治运动，在南京路上街撒传单时被巡捕房逮捕，关在老闸捕房，两周后获释。这是他一生经历的四次坐牢的第一次。由济难会出面保释，出狱后，思想进一步"左倾"。

在以后的岁月里，上海建有"五卅运动纪念碑"，在红五月的一天，青年们会聚集在那里开纪念会，我们家曾保存着这些父亲拍摄的照片。

坐在毛部长办公室办公

就在大学毕业前夕，1926年春，父亲在中国国民党上海特别市党部宣传部担任干事，部长是杨贤江。他的姐夫沈雁冰从广州来信，召他赴广州工作。广州当时是中国革命的中心。姐姐孔德沚不放心弟弟第一次出远门，安排他与大个子张秋人同赴广州，还有张秋人的侄子，他们三个乘船同行，这是属于"半秘密"状态离开上海。父亲很高兴脱离了军阀孙传芳的统治。船走了三天三夜才上岸。张秋人也是第一次到广州，马上被一位穿号衣的招待员接到了旅馆。广州的天气，让他们还穿着冬衣的人满头大汗，上街逛逛语言又不通，幸好张秋人马上被穿着军服的人接到黄埔军官学校去了。他是去担任政治教官的，父亲则被姐夫接到位于东山的寓所。

这里是一片幽美雅静的住宅区，一道丁字形的街道，并不很宽阔，地面上铺着一层细沙，人走在上面会吱吱发响。南国特有的树木，和一家挨着一家的洋楼，并不是他们的住处，茅

盾和毛泽东一家同住在一条小胡同的普通房子里，茅盾住一小间，父亲去就挤在里面。

父亲去国民党中央宣传部担任助理干事，做些管理登记来往的公文和信件的工作，办公桌在部长室。部长是汪精卫，已不常来上班，由毛泽东为代理部长，沈雁冰为宣传部秘书。父亲与他们同处一间不大的办公室达半年。萧楚女住在附近，在上海时父亲认识他，他去上海大学多次演讲，尤其批驳"醒狮派"，把国家主义者批判得体无完肤，父亲对他的生动有力的演讲才能赞誉有加，认为无人可以比拟。那时，萧楚女也在隔壁房间办公，在中央宣传部做些检阅国内出版物的工作。毛泽民在管理中宣部资料室。他们几个都是党员，在一个党小组，格外亲热。工作之余，他们一起逛街、谈天，更多的时候，萧楚女拉着父亲去毛部长家打牌。后来，毛泽东搬到永汉北路，他们也经常去玩。最初，萧楚女熟门熟路地领着父亲径直走到部长家的卧室，部长夫人见了他也不惊奇，用湖南口音向萧说：

"你又来送钱给我用了？今天可不许拖欠的！"

"得，得！等着看吧。今天我还替你们找一位新朋友来，可也热闹一些——部长同志，怎样？"

部长坐在旁边的藤椅里，这时从他口里慢吞吞地吐出几个字"欢迎的，令俊，我们天天在一起做事，你却从没来过此地，应该的，萧，就上场吧。"

于是，四人走到隔壁的一间房里，那里中间放着一张大餐桌，周围许多藤椅，桌上除了一块白布以外，什么都没有……他们玩一种"青得浑"，即二十一点的扑克牌游戏，杨开慧一起参加。

如张秋人来,更加高兴,有了争执以打架解决。杨开慧招待他们,在他们家吃饭,相互很熟悉,毛泽东还经常与他们讲笑话。

国民党宣传部没有工作好做,上班时毛泽东也很少说话,但他极喜欢看报,全国一万多种日报他都要翻看。还经常对父亲说,一个人不能不看报,他的知识都是从看报中获得来的。父亲说:"在和我们的接触中,处处会发觉他的伟大感染力,他是平易近人的,然而胸有城府,感情不流于外,所以他一方面是我们的严师,但一方面也是我们亲密的朋友。"①

这样的日子长不了,半年后国共关系恶化,毛泽东脱离宣传部,去主持农民运动讲习所,沈雁冰则回沪主持国民通讯社。父亲在北伐军前敌总指挥部第八师政治部任宣传科长,驻防湖南常德,掩护北伐军左后方,参加实际的革命斗争。

"北伐"途中的同乡知友

北伐期间,父亲认识了一位新朋友,他叫敖志华。部队驻地长沙时,他怀带着×先生给父亲的一封介绍信,出现在会客的座上。他是从汉口来的,想在部队里觅得一个工作;而×先生在信上又特别说明,这位客人的胞兄还是父亲中学时代的同学。这样看来,他们当是同乡、同龄人吧。当父亲把他的履历呈给上峰以后,即刻被派下一个小职司,而且指派在父亲的一科里服务。于是,这位新同事,安排坐在父亲的办公桌旁边,

---

① 孔另境:《申诉书》,载乌镇孔另境纪念馆编《孔另境先生纪念文集》,上海文艺出版社2014年版,第350页。

等候父亲指派他的工作。暂时要他抄录一些公事文件,当下他就毫无表示地接受了。

下午五时,户外吹着下办公的军号,室里就起一阵骚动,接着办公人员纷纷离去,而这位新同事仿佛没有听见,仍在埋头抄写。父亲也正因为一种文件还没有抄完,想赶完了再走。这时室内就剩了他们两人。他把抄好的公事送到父亲桌上。字迹挺秀而且老练,绝不像一个初出茅庐的人所能写得出的,这时,他从怀里掏出一封信来,一面说道:

"这是汉口要我带来给你的信。"

这突然使父亲连忙拆开来信,惊呼起来:

"敖同志,怎么不早些交给我?喔——"一方面他们紧紧地握住了手。

"我怕不方便。"这时他也紧紧地执住父亲的手,两眼也流露出情感的光来。

"真正想不到,原来我们还是同志哩!"父亲在《寂寞的生和寂寞的死》①中回忆他与敖志华相识、相处十年的情景。

从接到这封信开始,他们是同志,是朋友!父亲看重他身上的优点,"他比我老成,比我世故,同时也比我理智得多。也正因为他理智强,世故深,所以他就爱沉默,不轻言,办事则十分精密周到,而且肯负责,我那时正需要这样一个助手,于是不久就派他专负保管本科印信文件的责任。"

日子长了才知道他在家乡是担任共产党的秘密工作,而且

---

① 孔另境:《寂寞的生和寂寞的死》写于1939年12月6日。《庸园新集》,上海文艺出版社2006年版,第196页。

负着相当重要的责任，那时正是孙传芳统治时代，对于中共的党员都是格杀无赦的。有一次，他们的一个机关被破获，他还不知道消息撞了进去，即被捉住，幸而他身边不藏文件，同时口供得法，经他父亲奔走营救，居然获得了保释，于是连夜奔上海，更不停留地直奔汉口。据他家里来信，后来有人招供了他，于是重新又要提他，现在已经被他们通缉着了。

后来他们跟了军部进驻汉口。这是一个繁华的地方，驻在一所方本仁所造的六层大洋楼里。在这种"洋场"上他们很少有工作可做，于是大部分的工作人员都各自寻找着消遣之方，父亲的消遣方法是打牌，敖志华不参加，守在机关。在汉口闲散了约一个月，即接到了准备开拔的命令。

那时京汉路上已经吃紧，奉直联军正源源南下，企图夺回武汉，于是政府就决定第二期的"北伐"，命令他们这一军担任正面的前锋。

这命令下，部里的工作顷刻变得紧张起来，一切要加速预备，请假离部一律不准。这时这位孤寂的朋友，忽然变得活泼起来，他不但做了自己分内许多准备工作，而且手不停息地帮别人预备一切。可是当看见他如此繁忙工作，而身体又如此瘦弱，一旦到了前方，不知能否吃得住，着实使父亲担忧。于是向他提议："志华，我觉得你身体不很结实，还是在此地留守处工作，你同意不同意？"

"不，我当然要到前方去！"他断然地回答，而且还有些愤愤的样子。

"事实前后方的工作是一样的……那么，你还是留在第二批

开拔里边吧!"

他听了这句话,用他那迟钝的近视眼望了望,仿佛要看透在这句话里有没有旁的意思,然后又十分坚决地回答说:"你的意思我明白,但是——不,我得和你走在一起。"

他这种坚决态度使父亲无法表白对他的诚意,于是也不再多说。

谈话后三天的清早,就由父亲率领第一批人员出发,志华当然在内,目的地是孝感。

4月,从京汉路上一路下去,"自汉口出发到五月底进驻郑州,和冯玉祥的西北国民军会师,一直就同我在一起。我们历尽了许多艰险,度过了最龌龊的生活,像在信阳和红枪会发生误会,几乎使我们送了性命;在一个叫'平安寨'的地方,我们误入了敌军的防地,差一点儿被敌人活捉;种种艰险的经过,他始终非常沉静,从无一句怨语。而他的体质,当时我十分代他担忧的,经过了这许许多多的困苦,倒也并不见有什么不良现象。

到了郑州以后,我们不再北进,后来就将郑州交给了西北军,我们则'凯旋'汉口。"

父亲说,大概是七月初吧,当我们刚回抵孝感的时候,就接到汉口来的电报,要父亲即日返汉。这时"夏斗寅之变"刚平,局势已日非,他们在沿途已微有所闻,因此要父亲的突然返汉,照情形猜测恐已不能再返部队。志华也明白这情形的,于是在父亲临走的瞬间,他十分难过地拉紧他的手,郑重地要求:"要是你果然不再回来,请千万打一个电报给我!"

一切事实证明他们的猜测无误,当父亲抵汉口的三四天后,局势已经急转直下,不但不能再回部队,而且已经被"欢送"了。父亲于是决定东下,"向这掺杂着我们汗血的大地告别",临行,为答允志华当时的要求,打一个电报通知他。

　　这是父亲接到党的指示,命令我党同志即刻离职返汉候命,谓国共已分裂,遂使他抵达汉口后被"欢送"出境。他至九江赴庐山,在牯岭与他的姐夫沈雁冰见面。在这重要的时刻,形势突变,在牯岭聚集了不少同志,有的准备下山去南昌,参加南昌起义,他听从姐夫茅盾的意见,脱下军装变装返沪。茅盾则继续留在旅馆静观事态,并一边做着书稿翻译工作。茅盾自己剖析:"那时,我对于大革命失败后的形势感到迷茫,我需要时间思考、观察和分析。"① 他向小舅子指出了这条路,之后,他也从牯岭回到了上海。

　　当父亲到达上海后约半个月,志华也突然寻到他的寓所来,这时大家的服装已换了一个样子,环境也已全然不同,当彼此握紧着双手的时候,一种难言的悲痛突然袭上心头,志华的眼眶里蓄满了泪水,一句话都说不出口。回想他们相别才不过一个月,而局势竟至全部改变,不但过去的劳绩算是白丢,而那些平日常在口头已接近实现的种种志愿,顷刻都成了画饼,这是大时代的幻灭呢?还是个人理想的幻灭呢?还是这两者糅杂着的混合感呢?这突变,这使人迷惘的突变呵!"志华既非出人头地的大智大勇,自然也要为这突变而迷惘而伤心的吧!"他停了好一会,才感慨地说道,"这真是怎么一回事呀!要不是接到你的电报,我们还不会走哩,也许把性命都交给他们了!

---

① 茅盾:《我走过的道路》(中册),上海人民出版社1981年版,第1页。

我们走的时候，火车已经不通，刘、潘、李和我是连夜步行到汉口，我们把什么东西都丢了，好容易把平日积下的五十元汉口票买了这一件破袍子，才挤上长江轮船——"

这是父亲他们"北伐"路上经受的变故和真实经历。革命进入低潮之后，直到那年的西安事变，知道时局有转机，父亲很兴奋地告诉了志华，要他锻炼锻炼身体，预备再为民族出一点力量，他很乐意，要父亲经常地寄刊物给他。翌年，七七卢沟桥事变，父亲还和他通了一次长长的信。但他告诉父亲近来身体大坏，小肠有病，而且还吐过几次血。后来沪战一起，父亲连接地写了几封信去，但总接不到回信，正疑讶其何故忽然懒笔，不意突然接到了他妻兄的一个噩耗，报告志华已在"八一三"的前夕在客邸逝世了！来信语焉不详，父亲又接连地去了好几封信，但都杳无下文了。

战争年代的同志友谊是珍贵的。父亲叹息："志华，你和我的结识在大时代的浪涡里，你的坚贞的志向，孤洁的性格，使我十分仰慕，也正因为这，我们才有十年如一日的交情，不幸你偏死在第二个大时代到来的前夕，死而有知，当也遗憾无穷吧！我写此文竣，为君掷笔一哭也！"

这出自父亲自述散文《寂寞的生和寂寞的死》，写于1939年12月6日。

1980年，我在北京曾拜访过"北伐"时与父亲同在政治部任副主任的李老立中先生，据他撰写的《怀念老友孔令俊》中介绍，政治部有二十多名共产党员，成立了党支部，他是支部书记，父亲是副书记。党支部一方面在教导师内开展党的宣传教育和组织发动工作,一方面同湘西地方党密切联系,协助地方开展群众工作。他同父亲因工作关系,接触甚密。父亲聪明能干,充满活力,在北伐军中做了不少有益的工作。

他还介绍了几个实例,其中,回忆教导师在常德城驻扎时,"面对敌众我寡之势,我政治部采取争取许克祥中立、孤立何厚光部的策略,并对北伐军官兵进行宣传鼓动,由于万众一心,勇敢奋战,我们很快消灭常德城何厚光的一个师,接着全歼了袁祖铭的队伍。创立了以少胜多的一个战例。孔令俊在这次战斗动员中,显示出他的组织才干和鼓动能力。"

攻下武汉后,他们与潘漠华等人一起编入北伐军先遣队36军第2师政治部,协同张发奎、叶挺、贺龙攻打奉系军阀张作霖。当时的战况,《红旗日报》上有介绍。随北伐军誓师北上(主任为邓演达)。他随军转战鄂豫,至郑州与冯玉祥部西北军会师。凯旋至湖北孝感时,即接党的命令,谓国共已分裂。

第四章　在杭州参加秘密暴动

湖滨旅社遇惊险

父亲回沪不久,接中共浙江省委通知,派他去杭州县委工作。这是他青年时代亲历的杭州遇险记,也是他生命中最为险要的经历之一。

当时中共江浙区委领导下,浙江有杭州、宁波两个地委。据邵荃麟(亦民)1960年1月7日在《第二次国内革命战争党、团组织在浙江沿革回忆》中说:

"1927年5月,中央在汉口召开第五次党的代表大会,会上决定在各省成立省委组织。这样,江苏、浙江就分开了。

浙江省委建立后的第一任书记是张秋人,但在张未到浙江前是由庄文恭负责;共青团浙江省委书记是徐伟(不久即被捕,于第二年牺牲)。在徐伟同志被捕后,团中央派华岗接替。当华岗到浙不久,省委书记张秋人被捕了,并且很快给敌人杀害了。这时浙江的党、团组织随之全被破坏,基层组织也被破坏不少。"

又说:

"1927年秋天,由于在杭州站不住脚,省委搬到宁波,中央派夏曦同志来担任省委书记……"

父亲正是在这个困难的时候,被派在新成立的杭州县委宣传部任秘书。县委书记为池菊庄兼宣传部长。池与父亲同是湖州人(当年的称谓),操着带有乡音的话语,同是二十岁多的年龄,我父亲长他一岁,又同喜好弄文舞墨,两人很快热络起来,坦率地谈及革命经历、家庭状况和各自的恋爱史。当时,宣传部干事还有詹醒民。组织部长马东林是位年轻的农民。不久,上海济难会派沈资田来杭主持济难会,并参加县委工作,父亲与沈在沪曾相识,同住于盐运使署职员家属宿舍。

父亲在《忆杭州县县委始末》中说:"这时的县委似乎不很健全,各部工作人员残缺不全,我只认识他们几个。另外,艮山门车站的负责人,是经常有联系的,他是否参加县委会不得而知。"

此时正值所谓立三盲动路线之时。其实,很大部分是在"左倾"路线下,在摸索党的新的斗争道路与形式,无论是武装斗争,还是城市、乡村的秘密斗争,在尚且不完全成熟的条件下,要求开展暴动,又一次用鲜血写下悲壮历史的时期。父亲说:"县委会在当时的主要工作是组织武装起义和打击反动派。但当时全杭州的党员不足百人,而大部分又都是铁路员工。武装更为缺少,仅有几支不顶好的手枪。"

父亲记得:"在 1927 年冬天,曾组织过一次打击反动派的活动,对象是杭州特刑庭长兼浙江反省院长。由马东林亲自指挥,他带了两位武工同志,在反省院长经常经过的路上进行袭击,可是连发数枪,子弹都打在人力包车的背上,坏蛋未击中而被逃脱,从此国民党的特务对革命者的残酷迫害更加厉害起来。"

1927年12月14日，一个寒冷的日子，县委会借湖滨饭店开会，商谈布置组织暴动事宜。嘱孔另境留守机关。然而，到第二天早晨还不见池菊庄、沈资田两人回来。于是，父亲约了在盐运使署工作的周同志同去旅馆看他们。当父亲与周同志步抵湖滨饭店走廊，前面有一空地，见远处一个中年茶房无声地向他们摇手。其实，这茶房并不认识他们，但他似乎看得出他们是去找那个房间的。显然事有意外。父亲大惊，知道事情不好，于是与周同志急忙掉头分路逃去。这惊险的一幕，全靠那位茶房摇手，否则一定会落入蹲守伏击之中！好险。

父亲是经过世事的，尚能镇定地返回住处，告知詹醒民此事。同时，"即携个人行李及池菊庄一断手指，暂躲至戴望舒杭州老家躲避。"父亲在"自传"中写道。①

后来证实，当日参加会议的六七人全数被捕。父亲记得，在盐运使署和詹及周碰了一次面，商量即由父亲赴省委（其时省委在宁波，书记夏曦，秘书长梅电龙）报告并请示。他去甬后，即向梅电龙汇报杭州组织被破坏情况，以人地生疏，梅在第二日通知他返杭候命。

目睹牺牲同志的棺材抬过

返杭后，仍住戴家。约一二个月未得何种指示。一日，他坐人力车外出，走过湖滨路的时候，突然看见有七八具白木棺

---

① 孔另境：《孔另境自传》，乌镇孔另境纪念馆编《孔另境先生纪念文集》，上海文艺出版社2014年版，第347页。

材由工人抬着，沿湖滨而来。每个棺材上都黏着一条白纸，有黑字标明"共匪XXX"之姓名，他不经意地朝它们一看，见其中一具上赫然粘贴着"张秋人"三个字的纸条。还有池菊庄、沈资田、马东林等人。这一下，真是五雷轰顶！他们都已经遇难了！

父亲说，张大个子和他的夫人徐女士到杭州的第一天就被捕了。听说他们夫妇正在白堤上散步，给张大个子在广州所教导出来的高足三四人看见了，当他们打算追捕这位老师的时候，张一跃而入西湖。他不熟悉西湖的湖底尽是烂泥，他给烂泥黏住了，于是被捉上岸来，关在特别法庭的反省院里。

没有想到，本以为他可以一直在里边反省下去，突然和其他四五人一齐被提出来枪决了！那一天下午，受此刺激，父亲几乎从车子上跌了下来。当车子停在弄口，车夫催他下车的时候，才如从梦中醒来。父亲是目送这些烈士最后的人，当想到他的大个子朋友已经睡在那具薄薄的棺材里的时候，禁不住泪如泉涌！

杭州白色恐怖如此严重，他又得不到省委的新指示，于是匆忙返沪，住在他的姐姐孔德沚家中，一方面写信通知宁波省委，报告在杭州所见情况。书记夏曦嘱其在沪候命，并指示须找公开职业，等待时机继续奋斗。革命转入低潮……

父亲的遇险"漏网"，并及时报告组织，使组织得知了确切的消息，不久，在中共机关刊《布尔塞维克》上刊出悼念文字。

《布尔塞维克》于1927年10月24日创刊。它是继被迫停刊的《向导》性质相同的中共中央机关刊物。时值中共中央机关迁回上海,于是迅速恢复出版这个刊物,移名《布尔塞维克》秘密出版。由瞿秋白、罗亦农、邓中夏等中央负责同志组成编委,瞿秋白为主任委员。创刊号即以《悼赵世炎陈延年及其他死于国民党刽子手的同志》开篇,痛悼死难烈士,号召以烈士精神完成牺牲者未竟事业。之后,每期开辟了一个专栏:"我们的死者",把及时报道、悼念烈士的牺牲放在重要的位置。

《布尔塞维克》第17期1928年2月13日出版。在"我们的死者"栏目下有悼文《白色恐怖下的牺牲者——池耕襄》,这日子离池耕襄(菊庄)牺牲仅三周。之后,在第23期上刊出陆吾仁著《沈资田同志传》。

《白色恐怖下的牺牲者——池耕襄》悼文作者恺良为池耕襄生前好友,池耕襄(字菊庄)在狱中曾二次写信给他。作者愤慨而深情地在悼文中披露了池耕襄临终前在信中表达自己的人生观,坦然地做好了牺牲的准备,甚至宽慰朋友说:"每一个做社会解放运动者,牢狱之灾,是所难免,此次之被捕,也可说是意料之中。""我们虽然不该崇拜死的伟大,但也不以死为悲哀,我愿有意识的死,不愿无意识的生。"面对死亡,如此镇定,或者说,更为坚定了做社会解放运动的信念,甚至为此献身,决然地说出"我们不去受苦,谁该受苦呢"!这些话语充满着撼人心灵的力量,今天读来仍有一股英气直指人心。烈士义无反顾地从事社会解放运动,不怕牺牲,愿以他们的鲜血和生命,反抗旧中国。他们崇高的革命形象实实在在地屹立在眼前,令人动容。

忘不了这段断指

池菊庄被国民党浙江省地方特刑庭判处死刑后，他在监狱墙上刻下诗句："碧血渲染处，红花照眼心。钱塘潮不尽，吾辈岂无人。"1928年1月20日下午，他和其他七位共产党员坦然走向刑场，在"中国共产党万岁"的口号声中，壮烈牺牲。

池菊庄是位强者。他在彷徨之后在上海找到了党组织，明确了生活的方向。那时候的他"思想剧变，毅然地从事于社会革命"。我父亲解说，池菊庄断指明志，这位年轻的革命者恋爱遭到挫折，悲痛的心情压抑了他的革命意志，为了挣脱这世俗凡事的羁绊，全身心地献身革命，于是忍痛断指以明心迹。这是需要多大的勇气！

这是一截小手指，被放在一个玻璃瓶中，浸在福尔马林溶液里，使之不腐，时常可以看到它，提醒自己的初心。父亲敬佩他。

1928年12月，在施蛰存、杜衡主编的《无轨列车》第7期上，刊出戴望舒的一首诗《断指》。

父亲讲述的故事，出现在戴望舒的作品中。

上面说到，"父亲带了几件行李和池菊庄的一段手指的玻璃瓶，到戴家躲避。"父亲本想为池菊庄保存那瓶珍贵的断指，可是，眼见革命者被捕不久便遭到杀害，于是，那瓶断指就留在戴家的书橱里。对着断指的玻璃瓶，父亲向戴望舒讲述这断指者的经历和爱情，它引起的共鸣，无疑对同样过着"穷极无聊"躲避生活的他们，注入了一剂兴奋剂。

戴望舒在1927年"四一二政变"后，受国民党上海市党部通缉，先在松江施蛰存老家躲藏，后被迫返回杭州老家隐居。他之所以受到通缉，是因为"不安分"，在1926年的大革命高潮中，他加入了震旦大学的共青团，并担任团支部的负责人，参加实际斗争，后曾被巡捕房拘留。和他一起回家乡的文友杜衡说："回家乡，那时的心境是非常沉闷的。同年秋冬之交，老友望舒也和我一样地穷极无聊。"（《在理智与感情冲突的二年间》）这段时间，也是我父亲参加中共浙江县委宣传部工作，与戴同在杭州的时机。由于在上海大学学习时，父亲和戴望舒、施蛰存因同学之谊交好，当各奔前程后又同在杭州一地时，互相有了走动，甚至遇到危局，父亲首先想到躲到位于大塔儿巷的戴望舒家避难。

这个真实的悲剧故事经戴望舒用诗歌记载下来，不仅留下了这个时代革命者对待革命和恋爱的崇高形象，也表露了作者悲愤痛楚的感受和对革命者的敬意，以及对反动派的愤怒，戴望舒在诗中写道：

　　这断指上还染着油墨的痕迹，
　　是赤色的，是可爱的，光辉的赤色的，
　　它很灿烂地在这截断的手指上，
　　正如他责备别人的懦怯的目光在我们的心头一样，
　　这断指常带了轻微又黏着的悲哀给我，
　　但是它在我又是一件很有用的珍品，
　　每当为了一件琐事而颓丧的时候，我会说：

"好，让我拿出那个玻璃瓶来罢。"

"断指瓶"成了戴望舒的"珍品"。

1928年杭州县委集体被捕、牺牲事件，这个真实的历史悲剧，以池菊庄为代表，经孔另境的口述和戴望舒的创作，用诗歌记载了下来，表露了作者悲愤痛楚的感受。池菊庄决然断指明志的行为，英勇献身的故事，当年感动着我们的父辈，如今，同样震撼着我们这些聆听者，这个传奇故事一直萦绕在我的心间，挥之不去，可见一位时代英雄，他的言和行始终不渝地屹立着，为后人留下了这个时代革命者对待革命和恋爱的崇高形象。这是值得庆幸的。

第五章　天津遇难记

南开中学和河北女子师范学校

父亲从杭州回到上海，党组织要求每人寻找公开之职业以掩护。1929年春，父亲应潘训（潘漠华）介绍到天津南开中学教书。

从上海坐船，行了731海里，到大沽口的码头，再坐火车到天津的东车站。像逃荒的难民一样，在铁皮车厢里横七竖八地坐在行李上面，颠颠簸簸地向西狂驶，这四五天的路程，感受到北方与南方的气候完全不同，尤其是风沙，寒风。父亲说："从人丛中挤着走出车站，忽然迎面吹来一阵猛风，吹得我眯住了眼睛。等我重新动脚前进的时候，只觉得嘴里有些唑唑作响的什么东西，用手一抹，才明白已经吃了不少细微的沙粒啦。这次给了我一个经验，往后在街上走的时候，永远把嘴闭得紧紧的，因为吃沙的习惯，在生长于南方的人的胃里怕一定不大合适的。"①

他在天津近四年，其间从南开中学转到河北女子师范学校，任出版部主任。那时，他想到在杭州为躲避追杀，情急中在戴望舒家躲了近两个月，戴望舒和他的姐姐戴瑛在严重的白色恐

---

① 孔另境：《天津卫记》，载《庸园新集》，上海文艺出版社2006年版，第56页。

怖之下，不避危险收留了他，对他很是照顾，让他安全地潜伏。这份恩情很是可贵。长父亲三岁的戴瑛曾嫁一位姓钟的商人，生育了两个女儿，但是，丈夫不幸英年早逝，在婆家待不住，于是带着两个女儿回到了杭州的娘家，过着清淡的守寡生活，然而她的个性却是活跃的，对这样的生活安排心有不甘，她要做新时代的女性。父亲很同情她，也有好感，尤其对女性受封建的约束很是反对。所以他在天津落稳脚，有了生活来源后，给她去信，询问是否愿意来天津与他共同生活。就这样，他们在一起开始同居。"因为他们的结合，是在不合法的状态之下完成的，她是神秘地从安适的家庭逃出来的，男方家中事先也毫不知情，等到他俩实行同居了以后，两方家庭无可奈何地赞同了。"①

之前，虽然他的姐姐关心着弟弟的恋爱和成家，毕竟一介穷书生讨不起老婆很普遍，好人家也不愿把女儿许配给穷光蛋，况且父亲做着半公开的地下工作，生命时有危险。待父亲到了天津，离开了他姐姐的视线，他姐夫又在日本，于是26岁的弟弟胆子大了起来。

同居三年里，戴瑛认识了父亲的一位姓王的同志，他是做俄罗斯边境贸易生意的，他们之间竟发生了恋爱。父亲已经知道女方的心有了变化，她在另觅高枝。生活是现实的，不能强求。在一篇记叙散文《古城旧事》里，父亲写了一位守寡妇女在两个男子之间的动摇，甚至一度自杀，最后，她选择了富有的那

---

① 孔另境：《古城旧事》，载《庸园新集》，上海文艺出版社2006年版，第241页。

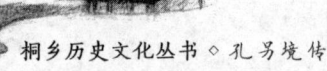

一位。问题在于父亲被抓进牢里的那一刻,她出走了……

本来这是一段不受法律保护的男女关系,它破裂了,父亲无话可说。他姐姐、姐夫对这位女士颇为不满,甚至怀疑她另有所欢,才告发父亲,使父亲受到牢狱之灾。父亲知道这是替他抱怨,因为谁也没有证据,所以也不去反驳。不料,时过境迁,半个多世纪后,在茅盾的回忆录里公开披露这段花边旧闻。施蛰存先生看到后感到奇怪,这不是茅盾的一贯风格,不过是妄猜而已。戴瑛的家属恼怒地找我,要向茅盾的儿子抗议(时茅盾已经去世)。我也不相信戴瑛有这样的品行,"为了甩脱他,就诬告父亲是共产党",这样的恶意告密,被告是要坐牢杀头的,这与当初父亲在杭州的危难中躲到他家的态度判若两人!于是,我们联合调查了一番,凡认识戴瑛的人都说不会有这样的事,她的品行不至于这样做。还说以后在上海,父亲和戴瑛多次见面也从没有翻过脸。于是我在写《鲁迅营救我父亲孔另境出狱始末及其他》刊《中华读书报》2002年3月6日)文中在说到"其他"时,谈及了这件并不正确的事,希望消除影响。在调查中得知,这不是茅盾的"作品",由他署名代过是不对的。后来,韦韬向我坦言,这段内容是他加上去的,因为在家里听老人多次讲过这件事。他认为是正确的。

在天津第二次被捕

父亲到天津工作后,一面与天津党组织联系。父亲说,在天津三年多,在组织上虽和党已经没有关系,但在政治上仍经常保持着和天津党组织的接触,其时他知道河北省委书记是聂荣臻同志。所以,组织上要他担任党办的小型报《好报》编辑工作,还要代为传递由苏联寄来的印刷品。这是一项带有危险的任务。由于他的公开地址作为党与国外联络邮件的通讯处,这样,许多苏联寄来的宣传品都寄到学校,邮件屡屡被没收,他还没有一点警觉! 1932年初夏,父亲因有共产党嫌疑被天津警备司令部捕去。

父亲被捕后,他同事近三年然关系并不密切的李霁野,奔走请托担任天津市党务领导工作的同乡熟人,此人父亲平日也认识,李先生说:"这时的办法不外:一、用钱赎买;二、托人讲人情。第一件我无法办到,所以就去托人。"原想请这位同乡朋友说句话,证明孔并无政党关系后可以开释,因为搜查出来的罪证,是父亲也没有看到过的两册书籍。不料,此人为父亲作了相反的证明,于是父亲被押送到总司令部北平行营军法处。行营主任是张学良。李霁野气愤之下从此不和此人往来,并托了在北平的知友台静农就近照顾。台静农也为父亲奔走,托人,并时作经济上的接济。父亲见出狱无望且案情在升级,乃信告在上海的姐姐孔德沚。

出了这么件性命交关的大事,他的姐姐向鲁迅先生求助。父亲在文章中说:"鲁迅先生从前在北京教育部做过事,不免还有些熟人,于是他老先生破例替我写封信给曾做过教育总长的汤尔和,说明我被捕的原因是并不确实的,请他设法在少帅面前说说明白。"其实,营救的内情还要复杂一些。

鲁迅先生出手营救

首先，鲁迅先生了解情况后，在1932年8月17日给在南京就职的老友许寿裳写信。为什么给许写信，由他转信北京方面？鲁迅解释说："在京名公，弟虽多旧识，但久不通书问，殊无可托也。"其次，称孔另境为自己的"旧学生"，以示亲近，又说"此人无党无系，又不激烈，而逮久缧绁，殊莫名其妙，但因青年，或语言文字有失检处，因而得祸，亦未可知。"第三，向许寿裳询问汤尔和住址，并说："兄如知道，可否寄书托其予以救援，俾早得出押，实为大幸。"鲁迅把此事托请汤尔和办，是经过周密考虑的。因汤在北京和张学良说得上话。而鲁迅、许寿裳和汤尔和是同期留学日本，回国后又同在杭州浙江两级师范学堂同事。后来，虽然汤官运亨通，这点情面估计是会给的。所以，鲁迅对许说"函中并列弟名亦可"。

两个多月后，鲁迅见营救的事仍旧未能办成，怕出意外，又去信许寿裳催办此事。因为李霁野以自己的名义去见汤尔和，五次不得见，也不知汤是否收到过许寿裳和鲁迅联名写的请托之信。孔德沚在上海也非常着急。鲁迅先生信中说："孔家甚希望兄给霁野一绍介信，或能见面，未知可否？"李霁野和台静农都是鲁迅早年为首的未名社社员，也是鲁迅在北平居住时的小朋友。许寿裳先生是个热心人，受鲁迅之托，不仅给李霁野绍介汤尔和，还绍介蔡元培先生。李得信后马上寄信给汤尔和，又持了许先生的介绍信见到蔡元培。

营救狱中的父亲孔另境——鲁迅致许寿裳信手迹

李霁野在许寿裳先生遇难后作《许季茀先生纪念》[①]一文中回忆说:"这几年中因嫌被捕入狱的人颇多,一九三二年我的一位朋友也被牵连了。大家都是谈虎色变,季茀先生却是热心帮

---

① 李霁野:《许季茀先生纪念》,载《李霁野文集》第一卷,百花文艺出版社2004年版,第99页。

忙的。他提到蔡子民先生,说他虽然常受警告和威胁,却依然肯说话,于是便写了绍介信,交给我去找蔡先生。"又说,他见到蔡先生仅这一次,蔡先生立刻就写信绍介他去找可以为力的人,虽然没有发生什么效力,"对于两位先生在险恶的环境中勇于救人的义气,我心里永远钦佩感谢。"

不久,这请托产生了效力,李霁野接到父亲从狱中的来信,说可用两人就能保释。李霁野和台静农联名作保,父亲被关押一百天而获释。台静农亲自到军法处接他出狱。

记得1982年春夏,我随母亲专程到天津拜访李霁野先生夫妇。李伯伯回忆起这个营救的故事,谈话间时而哈哈大笑。他的音容笑貌深刻地留在我的脑海中,至今很怀念他。最后他说,"他关在里面,我们出面救他;我们有难,他救我们。那时就是这样简单。"也说,"我们的友谊就是这样产生的。"

李伯伯说的"我们有难,他救我们",是指后来台静农在其北平的寓所被捕,威胁到未名社的李霁野等两位成员,这时,我父亲则机智地出手相助,最后有惊无险地收场。以前,我们听父亲绘声绘色地讲述这个老故事时,觉得离奇的是在台静农家里搜出"炸弹"。然而,这连续故事在他的文章里始终没有提到过。直到1986年,李霁野先生在为我们三姐妹编辑的父亲散文集《我的记忆》写序时,才写了这件事,他说:

(从牢里)出来后,若君就住在那位朋友家里,因为离范文澜同志的家很近,有一天他找文澜谈天,夜深才回来,一见那位朋友门前屋上有许多武装军警,他知道出了事。他绕到范家,决定连夜给我打长途电话,第二天早晨才打通,韦丛芜同我立刻坐火车到北平,若君在车站等待,告诉我们那位朋友被捕了。我们立即去警察局找一位燕大同学,他说发现一颗"新式炸弹",情节严重,已经派人到天津捕丛芜同我了。若不是若君通知及时,未名社三个成员都可能因所谓"新式炸弹"案件丧生。幸而内外有人,查明"新式炸弹"只是一件制造化妆品的小仪器。这件轰动一时的大案才以闹剧告终了。①

如此一波三折的营救,父亲在狱中并不清楚外面营救的过程,以为"为我奔走效力的就是李台两君",当他出狱后,"他们突然告诉我,鲁迅先生曾帮了我很大的忙的,我愕然,也使我更加心感"。

这年冬天,父亲回到上海他姐姐的家,他说,"第一桩心事,我一定要去结织这个富有侠义心肠的老头儿。""一个西北风刺人的早晨,心里牢记着打听来的先生寓所的路径,走到一个建筑物门前,这建筑已很陈旧,也无门警,也无电梯;我也顾不得人家警告的什么什么,一直就冲上三楼,怀着仿佛要暴烈出来的满腔热情,拼命揿那电铃,一忽儿里面一阵响声,出来开门的正是鲁迅先生自己⋯⋯"这是父亲在《我的记忆》中回忆那时上门道谢时的情景。我考查了一下,这个地点在北四川路194

---

① 孔另境:《我的记忆——孔另境散文集》李霁野作序,上海文艺出版社1987年版。

号三楼四室，那时名拉摩斯公寓，即现在的北川公寓。

鲁迅惊讶地说："想不到你竟出来了！"还幽默地说，"没事，当然要放的，他们的口粮也紧得很呀！"无论如何不承认有营救他的力量在内。隔了两个月光景，父亲又到鲁迅寓所去，他们正在搬家，经鲁迅介绍，认识了他的夫人许广平和孩子。父亲说，这次我们谈到了五个青年作家的被捕事件，鲁迅开玩笑似的说：

"你总算幸运的，要在南方，怕早就完了。"

"那也不致于吧，我的情形不同。"

"不相干，他们还管你情形同不同！比如说，你倘藏着我的一封信，这就够了，因为据说我是拿卢布过活的，你既和我通信，你自然也是了。"

"能这样简单么？"

"自然简单，中国人的推理原是很妙的。"

这时，鲁迅也笑了，那笑的意味却很难确定，仿佛是讽刺的笑，又像是一种苦笑。他是认识五人中的几人的，自闻他们被难，他很苦痛，烧去了所有别人给他的信，免得倘自己有问题时牵连到不相干的人，所以后来父亲编《作家书简》向他征求时，他回信说，"……而且别人给我的信，我也一封都不存留的。这是鉴于六七年前的前车，我想这理由先生自然知道。"所谓"六七年前的前车"，就是指这一事件了。

这段对话记于1936年10月，鲁迅先生去世一个月后，父亲为铭记他的恩德，记下这段回忆，它真实，感人，也很珍贵。父亲的这次牢狱之灾惊动了那么多人，也使父亲结识了那么多人，尤其鲁迅先生待青年人至诚的心，父亲感佩一生。在以后的日子里，以鲁迅为他的人生楷模。

回到上海后的数年中，父亲开始从事职业写作。在《申报·自由谈》《现代》等报刊上发表杂文和散文等；为一般书店、生活书店、中华书局等写书数部。结集出版《斧声集》(茅盾作序)等。跟随他的姐夫茅盾参加左翼文化活动，并始终做茅盾与鲁迅之间秘密的信差。

第六章 "平生最佩服的第一人"

与鲁迅先生相邻的日子

上海虹口区请当年鲁迅先生的邻居谈鲁迅。也就是近距离看生活的鲁迅。我因为父亲和姑父茅盾较长时间在虹口居住的关系，谈谈与鲁迅相邻而居的日子，留下一些印痕，是蛮有意思的。

说到大陆新村，鲁迅刚搬到大陆新村才三天，姑父茅盾上门祝贺乔迁之喜，谈话间，鲁迅知道茅盾正有搬家的念头，于是推荐茅盾一家也搬过来住。茅盾参观了鲁迅的住处，又问了房租。这样，茅盾搬进相隔一条弄堂的房子，他们前门对着后门，鲁迅住的是一弄九号，茅盾搬进三弄九号。为什么要选择隔开一条弄堂？茅盾曾解释："同鲁迅住得近，遇事商量方便。于是回去同夫人德沚商量决定搬去。我租的是三弄九号，因为如果住二弄九号，则鲁迅住的房子后门就和二弄九号的前门相对，而到鲁迅那里的人未必知道我的住处，隔一条弄，便没有这些顾虑了。"

茅盾处事小心，从安全出发，他的房票上用了化名沈明甫。

茅盾与鲁迅为邻有两个时间段。同样，我父亲因借住留宿，或探亲访友走动很多,所以有同样的感受和意义。

第一段在景云里,鲁迅家的前门对着茅盾家的后门。父亲说过"我认识鲁迅先生,是作为茅盾先生的信差开始的"。因为大革命失败,国共分裂,茅盾受通缉在家闭门写《幻灭》《动摇》《追求》三部曲。也在这段时间里,茅盾住鲁迅家对门,写了篇《鲁迅论》,刊在《小说月报》(1927年11月)上。文章全面论述了鲁迅的创作,是评论鲁迅的第一篇重要作品。这段时间里,虽然他们神交已久,其实来往并不多,只是相邻而居,加紧了他们之间的关注。父亲在这段时间里曾替茅盾做信使,鲁迅知道茅盾有这样一位小舅子。

父亲在《忆鲁迅先生》中说:"鲁迅先生给我的影响,确确实实是我生平的第一人。在和他次数不很多的接触当中,我深深被他的独特的风范吸引住了,他的一言一行,我都觉得可爱可敬,因而自觉和不自觉地随时随地在向他学习。自然,以先生的造诣和风范,我不及他万分之一,可是把先生的做人和为学的态度作为我奋斗的目标,也可以说是二十年如一日。"

第二段即是"左联"时期,在大陆新村,鲁迅和茅盾为邻,他们之间结下了深厚的战斗友谊,共同携手推进左翼文艺运动,成为左翼文艺运动的主将和旗手。生动的事例很多,包括在《申报·自由谈》上相互配合,连续发表战斗性杂文;包括为伊罗生编《草鞋脚》共同商量推荐篇目,介绍年轻作者,撰写评论等。这些手稿文献史料的发现,生动地展示他们合作共事的佳话。茅盾曾坦言:"我和鲁迅在写文章上的互相配合,在观点上的互相支持是比较紧密的，这有一个'地利'之便；那就是我们都住在大陆新村，中间只隔了一排楼房，差不多天天可以见面，对许多问题的看法，我们都交换过意见。"

茅盾晚年还记得夫人孔德沚有一次请大先生（对鲁迅的称呼）来家里吃了一顿亲手做的家乡饭——"野火饭"。那天我父亲也在，晚年曾向我们提起此事。这件事比较特别。在大陆新村他们俩家之间的交往，大约就是从这次"食野火饭"开始的。

1933年5月6日，茅盾刚搬入大陆新村几天，中午时分，茅盾手持一本新著《茅盾自选集》到对门的鲁迅家中。因为他知道鲁迅晚上写作，中午刚起床用饭，他自己的生活规律也基本如此。等鲁迅用了午饭，他们同到茅盾家看看，许广平因为海婴生病在家照顾，没有一起过去做客。那时的大陆新村虽是条新式里弄，厨房的一角还保留烧柴火的大灶，这让孔德沚非常喜欢，她与从家乡乌镇来帮佣的由珍两个人合计，利用这个大灶做一次有家乡特色的野火饭，让鲁迅一家品尝品尝，小孩子会喜欢那种"热热闹闹"的饭。这种便餐，其实是一种混合菜和饭的一种烧法，可惜小海婴生病，没有来尝。后来，我就这件事询问过海婴先生，他也无从记忆。鲁迅倒觉着特别，在当天的日记上记载了这次"食野火饭而归"的事。

与鲁迅先生为邻居的日子里，还有这么一件事：有一次，茅盾到鲁迅家去，看到木匠师傅送来书橱。这是鲁迅设计定做的双开玻璃门书橱，很实用，做得比较深，可以放两排书，共五格，中间一格比较高，可以放大开本的画展册之类。两扇玻璃门上有两道对称的"眉毛"，下面有两只同样深的抽屉。门上和抽屉上的把手是小的铜挂件,蛮精致。茅盾看了喜欢,也请木匠师傅照样定做一只的。后来,茅盾离开上海,把书橱送给了我父亲。抗战时期,父亲离开上海投奔新四军时,变卖了全部家当,就这只书橱没有舍得处理掉,寄放在其岳父母家中。1945年后,这书橱回归到父亲身边,一直置放在四川北路老家,书橱里存放着珍贵书籍和文物,如鲁迅葬仪时的专题照相本。这样,我们家里有一只与鲁迅故居陈列室里同样、同时做的一只非常珍贵的书橱。如今,我们已经把它捐赠给新开馆的桐乡档案馆,让更多的人们,尤其是家乡人了解鲁迅先生和茅盾的友谊,以

我们家有与鲁迅故居里同样的书橱

及我父亲和家人珍视这个书橱，妥善保存具有历史意义物件的经过。

我父亲在虹口区住过不少地方，只要在上海的日子里，住在虹口区是他最多的选择。终了一生也在四川北路上临街面的房子里。在这里他度过了一生中将近一半的岁月，共27个年头。年轻时，他在四川北路第四医院对面的麦拿里住过。当时创造社出版部设在41号。自从他认识了鲁迅先生一家之后，父亲经常在虹口一带活动，并搬迁到离大陆新村不远的狄思威路（今同嘉路）麦加里，同里居住的还有宋云彬、夏丏尊等，更不用说，茅盾一家后来也迁居到大陆新村，去的次数就更多了。

鲁迅对我父亲的事业很支持，包括为他编辑的《现代作家书简》作过序，为此，生活书店很快出版了。

这是一本研究中国现代作家的重要文献。鲁迅给父亲写过的信，原件保存在鲁迅纪念馆里。鲁迅还亲自为茅盾主编、孔另境助编的《中国的一日》挑选木刻画作插画，父亲对当时上门请鲁迅选择的情况，都有文章谈到过。

《鲁迅日记》里记载着父亲上门的情况有十八处：包括去鲁迅府上，或有新书出版如《斧声集》《中国小说史料》，便给他寄书。他写信给鲁迅，或鲁迅写信寄孔若君（孔另境字若君）等。在鲁迅日记中，还记录过："午后孔另境来并赠胜山菊花一瓶，越酒一罂。"1936年4月24日还记录："晚孔若君，李霁野同来。"等等。从只字片语中，我们似乎听到他们之间的谈笑声……

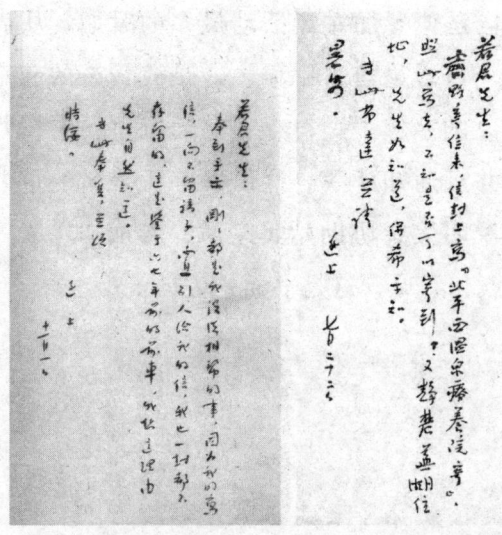

鲁迅致父亲孔另境（若君）信函

参加左翼活动

父亲从天津回沪后不久，即由人介绍至温州中学教书。不意碰到该校训育主任张维祺，他是父亲的上海大学同学，此时他已成为中统特务，表面上是老同学老朋友，似乎很是敷衍，背后却很捣乱，还打算暗害父亲，因此一学期结束，只能匆匆逃回上海来了。

在麦加里，父亲处在半失业状态中，替上海报刊写写稿，换取一点生活费。开始了他的职业写作，在《申报·自由谈》《立报·言林》《现代》等报刊上发表大量的杂文和散文，后结集出版了多部著作，渐渐地进入了他创作的丰收期。

这段时间也是他参加左翼活动最多的时期。从后来发现的一份《关于两个口号论争》手稿,这是我父亲的起草手迹,茅盾在上面有修改的字迹。一直存在茅盾家里,韦韬找出后捐到上海图书馆,并且通知了我。这份以茅盾署名的重要文档手稿的发现,正好说明父亲协助姑父茅盾,参加"左联"工作,有相同表达的观点和意见,这是书面的佐证。

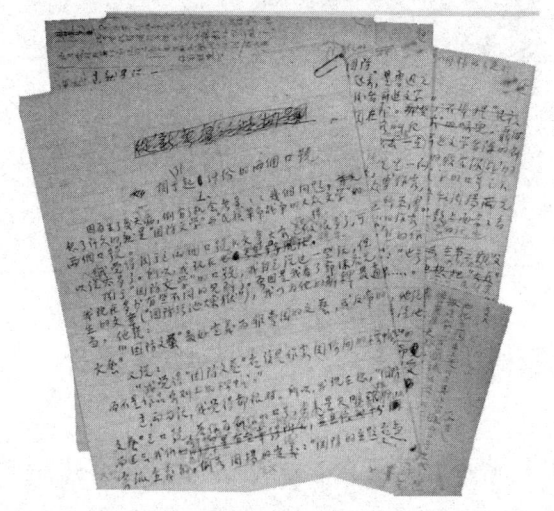

《关于两个口号论争》手稿由父亲孔另境起草,茅盾修改并署名。(上海图书馆藏)

1936年6月,中国文艺家协会在上海宣布成立。这个会议被评认为"这是中国文艺界自1930年以来唯一划时期的集会"。然而,在举行成立大会的前一天,从报上得悉高尔基病重的消息,这则消息,自然引起了中国作家的重视,会上由梅益先生动议,在大会上全体一致决议,向文豪高尔基发出慰问信。

事后这封慰问信究竟发出没有？我们在报刊上查不到这条消息和信件内容。实际上，在成立会结束后的第五天，一封以中国文艺家协会名义致病重的高尔基的慰问信件拟就发出了。这封信在国内没有发表，所以，知道这件事的人很少。直至25年后，戈宝权先生在莫斯科出版的《高尔基与外国作家通信集》上，查到了这封信件的俄文译件，把它转译回来，接着又寻访到高尔基博物馆，找到了这份中文原件进行核对，撰写了《中国作家慰问高尔基重病的信和纪念他逝世的悼文》，才使我们了解到这封信的存在。

　　以后，戈宝权先生将这封慰问原信的照片赠予丁景唐先生。丁先生据此写了《三十年代中国文艺家协会给高尔基的慰问信》一文，据丁先生考证，这中文原信出自我父亲孔另境（若君）的手笔，于是又将照片翻印转赠给我纪念。我很高兴得到这份出自父亲手笔的重要文献。中文原件共三页。用"中国文艺家协会用笺"信纸，直行书写，约600余字，写于1936年6月12日，信末盖有"中国文艺家协会"横形会章，可见是一份公函，是中国文艺家协会的第一件议案。不久，又传来了高尔基于6月18日病逝的消息，于是，这封信成了高尔基生前所收到的最后一封慰问信，它记录了来自中国作家对他的尊敬、爱戴和关怀，所以，备受苏联的重视。

　　如果不是戈宝权先生的执着努力，这件事、这封由我父亲执笔的中文信将被湮没。这是中国文艺家协会唯一留存于世的历史文献。

　　至于中国文艺家协会出面，由父亲执笔给鲁迅先生的慰问信，我至今没有查到。显然父亲也没有留存底稿。

中国作家慰问高尔基的信手稿从苏联找回

鲁迅葬礼相册

1936年10月19日，无疑是个最悲痛的日子。正午，父亲刚放下饭碗，书桌上正摊着鲁迅先生最近手编的《海上述林》，突然同住麦加里的宋云彬过来对父亲说："鲁迅先生刚死了。"

父亲不相信，因为他最近见过鲁迅先生的，已经是恢复了康健，他的健谈几乎超过未病前的程度了，突然会死是没有可能的。

"据说是今晨死的，是什么心脏突然的变化罢。"

听罢，父亲赶紧套上外衣，骑上一辆自行车飞似的奔到先生的寓所。

先生的夫人许广平女士肿着眼，还有许多其他的人在，父亲却一个字也说不出来，直接跨上扶梯，踏进先生的寝室。

"先生睡着，床边站着一个青年，先生的面上覆着一块白方巾，我轻轻地揭去方巾，一种冰冷的感觉接触着手，先生是安然的，正仿佛睡着一般，但先生要永远地睡着了！

广平女士告诉我：先生最末一次呼吸的时间是本日上午五时二十五分。致死的原因是：肺炎突发，心脏衰竭。享年五十六岁。"

下午三时，先生的躯体移至殡仪馆。向遗体告别时，父亲流泪了。这是他生平第一次流泪。父亲曾说，他父母亲去世时心里难过，也没有流泪。这天他流泪了。在后来四天的葬仪中，他悲怆地担当鲁迅葬礼的"干事"之职。

先生死了！中国新文化运动以来的唯一巨星从此殒落！

晚上，无法入睡，他马上撰写《巨星的殒落》，从半夜写到第二天凌晨。他充满激情地写道:"先生从事文艺工作,是无时刻地都在努力,奋斗,用他这敏锐的观察,无可比拟地锋利的笔,永远不妥协的精神,向中国这古老腐朽的社会,——不,他是向整个地球上的不合理的社会制度,存在于人类血液中的一切丑恶成分挑战!二十年来不断地被迫害,受一切腐恶势力的压制和袭击,但他不屈服,不投降,永远地战斗,以至临终的前一日!"

"先生虽死,而其精神的楷模却会永远地烙印在一切爱光明者心上,我们无疑地要接受先生全部的遗教。和一切恶劣势力继续战斗!"

先生告诉我们:"损着别人的牙眼,却反对报复,主张宽容的人,万勿和他接近!"

父亲立志做这样的人,做鲁迅那样的人。

文章马上刊载在《光明》1936年10月25日第1卷第10期上。参加四天葬仪之后,他集藏了一本《鲁迅葬仪相册》。

在父亲的书橱里,躺着一本精美的相册,这是记录鲁迅葬仪全过程的照片专集。在我出生前,这本相册已经存在,我是从这本相册里认识鲁迅先生的。这个葬仪过程中,我看到鲁迅先生在他的寓所与世长辞。这个令人震惊的噩耗很快传布开来,和鲁迅相熟的人们匆忙奔向大陆新村,向鲁迅作沉痛的告别。有识之士意识到必须尽快录制向鲁迅先生作最后告别的胶片,由欧阳予倩带领的明星电影公司去拍片,画家、雕塑家、摄影家们也拿起了他们手中的工具,记录了许多令人难忘的历史性场面。那天父亲在一旁,照相册里有他的形象。

尤其在《讣告》发出以后，鲁迅的遗体移到了胶州路上的万国殡仪馆。礼堂内花圈无数，庄严肃穆；礼堂外挽联如云，排队等候瞻仰凭吊的人群绵延不绝。三天里发生了很多令人感动的悲痛情景。最后送葬游行的有序开展，挽歌合唱的深情练习，更激发了人民群众在民族危亡的时刻，对巨星殒落的沉痛不舍和抗战激愤。

鲁迅先生的葬仪，不仅是简单的家庭哀痛记录，不仅是纪念一个伟大作家生命的终结，这是"中国文学史上空前的一座纪念碑"。

这些具有历史意义的部分照片，在当时的报纸和刊物的鲁迅纪念专辑上配发，产生了很好的效果。我的父亲孔另境在鲁迅先生葬仪中担任治丧办事处的"干事"之职，在四天的丧事中，他在灵前奔忙操劳，无法分身拍摄具有纪念意义的相片。当时的摄影师很多，还有不少自备相机的人。所以，待丧事完毕，他将几位摄影师送他的相片，选择性地粘贴组合成专题相册，永志纪念。这是一本有着特殊意义的相册，是一本记载鲁迅逝世葬仪全过程的相册，也是我从小时候起就翻阅的"孤本"相册。

不知从哪一年起，我很想认识照相册里的那些人，尤其是参加鲁迅先生葬仪的人们，那些抬鲁迅棺材的人究竟是谁？我喜欢在这本相册里看到父亲熟悉的身影，他正在忙碌地维持秩序，那时的父亲还很年轻，很帅气。我还经常指着照片上的人问父亲："这人是谁？这人又是谁？"每次父亲总能耐心地向我描述当时的情景，对我询问照片所记录的一切，都有问必答。照片上的人他都认识，告诉我那走在队伍前面的那张鲁迅画像，出自司徒乔之手笔……看得出他喜欢回答我的问题。看着照片，我也仿佛亲身经历了鲁迅葬仪的场面，对许多参加葬仪的文化名人也能一眼就认出"他"，那种和名人的亲近感，对鲁迅先生的敬佩，对有这样伟大葬仪的崇敬，从这本相册漫延开来，油然而升腾。

这本相册还在家收藏的时候，父亲常常用它"招待"客人，好多文化人在我们家看到过这本相册。施蛰存先生也看到过。有一次，他和我说起相册的事，提议我写一篇《抬鲁迅棺材的人》。我觉得是个好题目，试写了一篇，收到很好的反响。以后，出版社提议我扩展内容写成一本书，配以当时拍摄的大量图片，将是有文献意义的图文书。这是我愿意并有兴趣做的事，因为这是第一本全面展示鲁迅葬仪的书。展示了鲁迅先生这位"民族魂"带来的震撼！

父亲当年集藏的《鲁迅葬仪相册》，随着岁月的流逝，更有其纪念价值。鲁迅先生逝世距今已经有83年，这本记载葬仪全过程的相册原件，安静地躺在鲁迅纪念馆的档案柜里。我花了一年时间查考，追寻葬仪的历史细节，写成一本关于鲁迅葬仪的专题书。

鲁迅先生是我父亲最敬重的人、一生的学习楷模。平时讲到鲁迅的内容很多，最大的证明是，他给长子取的名字：建婴。便是学步而来。至于我名字中的"海"是否也因受了"海婴"名字的影响？我也不清楚。

伟大的鲁迅只有一个，他不屈的战斗精神和对中国文化的贡献是无人可以比拟的。他逝世时受到的哀荣，在文化人的葬

鲁迅葬仪　右中胸前有佩布条者为父亲孔另境

仪中也是屈指可数。

痛别人生楷模的日子

父亲知道,以后对鲁迅先生的记忆,只能停留在他的回忆中,他要记录下来,他要让人们了解他所认识的真正的伟人……

他想到,自从回到上海,上门致谢救命之恩,鲁迅先生始终不肯承认这事是他的功劳。这次以后,父亲常常去看他了,或为事,或闲谈,他总是那么真挚。常说些含有讽刺意味的笑话,等到"他开始笑了以后,他是那么天真,那么放纵,有时笑到合不拢嘴来,仿佛无法停止似的。"为谋生,不久父亲到温州去教书,其间大约有一年不曾见他。父亲说:"我虽不和他通讯,但关于他生活的情形仍随时可以得到,我特别关心他的身体,因为和他接触以来,一直就感觉他很不健康,而他对于烟酒二物又特别嗜好,烟是一支接着一支地吸,我几乎从没有见他的手指里间断过烟卷,烟的质地又是十分恶劣,第一次见他吸的一种假橡皮头的,后来一直见是'红金龙'之类;其次是酒,每次吃饭都是要饮一些酒的。不一定饮多,但确为他所嗜爱,不过,酒的质地却异常讲究。有一次见许女士亲自为他用玫瑰花浸着什么酒,有一次在他家吃饭,我饮了他几杯绍酒,那酒味的醇厚,是我在上海任何朋友家里都没有饮到过的。大概也因为他对这二物太嗜好的缘故,所以身体特别见坏,谈话得太兴奋的时候——他的谈话总是兴奋的——往往有些气喘,他自己仿佛并不知道这情形,一切仍是按照旧习惯生活下去,这在以学医出身的他是一桩奇特的事。"

他们之间的谈话很多,父亲说:

> 我从外边教书回来了,告诉他许多教育界腐烂的情形,他很用心地倾听,常从他的浓密而短的胡须中间发出"唔唔"的叹赏声音,这自然使告诉者更加乐意,于是我的兴奋程度也随之增加。后来我讲完了,他接着也讲起来,也是讲他所知道的教育界情形,那情形要比我所见的更奇妙十倍,仿佛世上一切意想不到的奇事他都知道,我自然佩服,我只好感叹。
> 后来我为要维持生活,凑集许多熟人的信来编一册《作

家书简》，要他给写一篇序，作用是在容易卖钱，我把这意思告诉了他，他仿佛不相信似的，但马上就答应了，第三天序寄给我，第四天就拿到稿费，于是我去找他，告诉他的序果然发生了效力，他笑笑，说：

"他们倒还收我的序，当初我怕反会妨碍你的书呢。"

"我知道决不会的，而且——老实说，这本书原会挨骂的，现在就决不会了。"

他又笑笑。果然，从出书一直到现在，不见有人出来骂过一句，而书的销路据说也不错，其实这种情形他比我更了解然的。

今年四月底，霁野从英国回来。此时先生的身体已经不大好了，常常有小病，我们去找他，他很高兴，谈了整个半天，一直到晚上八点半钟，我们才辞别出来，这是霁野看见先生的最末一次。

这次的谈话，先生的精神兴奋极了，大部分是牢骚话，但他说得都极有风趣，使我们笑到合不拢嘴来。最初谈起文人生活问题，霁野说外国文人的生活都很有保障，一本书销几十万不算稀罕，中国人一听林语堂的书在美国销十几万就眼红得要命，其实林语堂在外国不一定有人知道呢。我说这也怪不得中国人眼界小，中国书的销路一向太小了，一本书能销到十万册以上的怕只有周先生的《呐喊》和《彷徨》，茅盾的据说普通也只有三五万册，其他更不必论了。中国的文人都是乞丐，向书贾取稿费等于求乞，不但卖一部稿子极不容易，报酬也低的可怜，而且书贾还要想出种种剥削方法来。比如有几家大书局就是按字论值，决不让你便宜一个字，他们专门雇有数字数的职员，那办法是很可怕的，但也很科学。

周先生听我们谈后微微一笑，他说：

"那也有方法的，我自己就碰到过，但我也向他们捣乱过一下。有次一家书坊来要我译书，他们开来的条件其中一条是要照实字计算的，后来我给他们翻译了，我从头至尾把它们连接起来，每张稿纸写得满满的，不漏空一个字，因此章和节自然看不出了，而且我还不加一个标点符号。送去之后他们来信告诉我不能印，希望我分一分段落，加一加标点，我回信说要分段落加标点是得另算钱的，可见空格自亦有用处，标点也有用处的，中国人却连这点常识都没有。"

这故事自然使我大笑，他也大笑。他说书贾没有一个不可恶的，最近他和几个青年人办一个《海燕》，没出几期就受查禁，但销路却很好，等到一封，代售的书贾们就打算赖账，始终也收不回钱来，最后他说：

"好的，你不给钱我有方法的，我这里都存有收据，现在爽性不要了，我打算送给小瘪三，看你们能不能赖掉这批账！"

先生这些巧妙的报复也许为正人君子所不值，而不知这正是先生的不可及处，先生对于中国这个朽腐的社会看得十分透澈，它是卑劣，龌龊，阴险，强暴，势利，堕落的混合物，他有热情要改造它，所以主张革命；但他也决不放过随时随刻袭来的压迫，这些必得也随时随刻给它以反攻和报复，他的许许多多杂感文就是根据这个观点出发的，他讽刺整个的社会，但他也特别指定一个人骂，以他无可比拟的锋利的笔，骂到对手屈服为止。所以他一生不知曾得罪了多少人，受多多少少的人嫉恨，可是他全不介意，还是英勇地举着他的投枪掷过去，而且往往是正中心窝，一直到死，也无时无刻不在战斗，他临末说："让他们怨恨去，我也一个都不宽恕。"

一个人骂人要是完全站在个人的利害观点上自然是不行的，而先生的骂人却是站在正义的观点上的，他是代表着光明的中国的一切成分，打击一切丑恶分子，表面虽针对着某一个人某一桩事，而其实他是在打击那朽腐社会的鬼魂。现在先生死了，一切鬼魂又将起而作祟，再没有为一切鬼魂所战栗的先生的笔存在，这才是永远地无可补偿的损失！

那次先生还谈到自己的文学工作，他觉得自己的身体确一天衰弱一天，他打算在生存的时候把自己的全集编起，大约以二百五十万字为标准，要是可能，今年就希望编成。不意这工作尚未着手，先生竟撒手而去了。

六月中静农由厦门回来，我又陪着他去看访先生。那时正是先生病而稍起之时，身子消瘦得厉害，他坐在写字桌傍的藤榻里以一条棉被裹着身子，不时地咳嗽，但说话仍挺有精神。谈起章太炎（这时死去不久），说了几个太炎先生的有趣故事，内中一个是说到太炎先生和袁世凯闹的故事，说得人家都纵笑起来。先生在日本的时候曾从太炎先生讲学，先生受到了很大的影响,所以在谈话内并无一句责词,先生临死前一日还在写关于太炎先生的文章,可见先生是颇服膺太炎先生的。

先生有两个超于常人的特点,其一是恩怨观念十分着重,只要这个人被他骂过(自然为他所骂过的人大多毕竟是要不得的),他会永远地记住,像陈源教授,事情已经隔十多年了,但他还常常要带到他,不只谈天中会带到,而且在写文章里也还会带出来;要是这个人确实和他有感情的呢,那末即使这人现在已十分落伍,他也不肯骂他,倘有人故意提起,他也只是笑笑,不过并不高兴,因为在他的意思,最好把这人的影子完全从他的脑筋中消灭。他这个观念自然不免偏了一些,不过从这事里也可见他感情的丰富和热烈,对于朋友间道义的重视。

先生另外的一个特点是重气节疾恶如仇。他对于现下的某种变节分子,一点也不饶恕,即使这人后来并不就一直沉落下去,但他也决不原谅。有一次某个文学者被捕了,他用了最大的力去营救,后来一听到这人忽平安无事,他就生气,而且永远地生气,也不愿意再有人提起一个字,因为在他心中,这人早已死了。只有至死不屈的人他佩服,他欢喜,最近他费着很多的力气编校《海上述林》就是一个例子。①

后来父亲去看过他好几次,一次为着《中国的一日》中的

---

① 孔另境:《我的记忆》,载《庸园新集》,上海文艺出版社2006年版,第92页。

木刻部分请他挑选，他看完父亲拿去的几十幅木刻皱皱眉，他说中国的木刻究竟还太幼稚了，后来父亲说《中国的一日》中没有木刻是不行的，他才慎重地选了六幅，并且要父亲告诉茅盾先生，这六幅并不一定都是好的。

先生的健康渐渐恢复了，面孔和身子都渐渐胖起来，父亲私自在庆幸这位他的人格上和学问上的导师从此又可亲近起来，并且还计划等他再健康一些的时候，打算向他请教关于《中国文纲史》的编法问题，因为此书先生是预定要编的，而他又一直搁着没有动手，父亲却也早计划着要编，已经试写过一节发表，向他请教非但适宜，且一定是使他高兴的事。

"哪里知道，霹雳一声，我的这位导师竟于十月十九日的早晨五时二十五分以急发的心脏喘息症逝世了。"父亲说，"先生在病后常向人说'我此后要加紧多做一点事了！'而这不公道的主宰者竟连这一点也不允许给先生，唉！"

这篇珍贵的记录写于一九三六年十月二十九夜，即鲁迅先生去世第十天，父亲还处于无限的悲痛中。只有亲炙鲁迅，感受鲁迅的伟大和可亲，才能写出这样的文字。海婴先生曾对我说，记得你父亲那时经常来我家的。所以，画家司徒乔有信给我父亲，说他近因或即首途北返，请父亲代为联系树人先生作素描像，信中说"拟在离沪前为树人先生作素描像，藉留纪念。恳即与接洽，能于一两日内执笔最佳，如何盼复。"详见拙文《为鲁迅画像的司徒乔》。

司徒乔致父亲孔另境的信

多少年过去了，父亲经常会情不自禁向我们小辈介绍过去的事，讲得最多的是有恩于他的鲁迅先生，这些事是他的亲历，只有他能诉说。他说，鲁迅不是非常严肃，一脸板板六十四的样子，而是常讲些含有讽刺意味的笑话，讲得我们只会笑，他自己也笑，"他开始笑了以后，是那么天真，那么放纵，有时笑到合不拢嘴，仿佛无法停止似的。因为气喘，笑多了还呛了咳嗽，许广平过来拍他的背。"至于平常的一些小事情，他也会联想到鲁迅。如家里新买一只藤躺椅，他就介绍鲁迅晚年经常坐在这种躺椅上和他谈话；买了"积铁成象"的玩具，就讲以前海婴也玩过，是瞿秋白、杨之华从苏联带来的。购买这些东西的时候，他一定想到了鲁迅先生，叙述时，语气深沉，好像他的思绪回到了过去。

以后，他不断写出悼念文章:《巨星的殒落》《我的记忆》《回忆鲁迅先生的丧仪》等，并在报刊上连载《读鲁迅文答记》二十篇，认为研读鲁迅作品是对他最好的纪念。

第七章 上海抗战"孤岛"时期

成立上海大学留沪同学会

从上海大学这个革命的洪炉里出来的学生,他们是经历过五卅运动的锤炼,有着活力的群体,大都走向全国各地,发挥着先锋的作用。留在上海的同学也组织起来,成立了"上海大学留沪同学会"。父亲是其中的活跃人物。成立那天他们邀请原校长于右任出席,还请了当时有名的说唱艺人助兴。家里的照相册中还保存着几张现场照片,当时的气氛是热烈的。我曾好奇地指着那长白胡子仪表堂堂的老人,向父亲发问这人是谁,才知是国民党的大人物。父亲笑了笑说是上海大学的校长。

在1936年9月27日出版《上海大学留沪同学会特刊》中,父亲著文《梦般的回忆》,由衷地赞扬:"这是一个奇特的处所,仿佛是一座洪炉,只要你稍稍碰着过它,……使你永远地烙着一个严肃和深刻的印子,永生不能磨灭它!""这不是一个'书本的学校',而是一个社会的学校。""我们不能忘记中国教育史上的这部伟大的创作的。"上大留沪同学会接办华华中学,地下党员林钧任校长,父亲孔另境任教导主任,同时配合着茅盾从事着左翼文化工作。他们是一群干实事的人!

说到华华中学校长林钧，父亲对他很是敬佩，称赞他"原是五卅运动时的健将，瘦瘦的个子，近视而多雾的双眼，他十年一日地为中华民族的解放而生活着。他是我们的老大哥，富机智，有口才，他的讲演有深厚的煽动性，所以青年们对他是非常信仰的。我们办学校，既不是为教育而教育，也不是为个人的温饱，我们是怀着一个崇高的救国的目的，我们是憧憬着光明的远景才办这所学校的。所以在别的学校里也许常常会发生上下的隔阂，在我们的学校里却从不曾有过这现象。现在，面临着一个不存便亡的局面，我们自然选取了救国急于为学的步骤。因此，学校虽已放了暑假，我们的学校里却每日仍是闹哄哄的；成群的青年进进出出，仿佛比开学时更有精神的样子。"①

父亲在书中进一步记述了当时的情景：当时整个上海浸入动荡不安的潮流里。每个热血的人心，尤其是青年，他们早把书本抛在箱子里了，他们现在唯一愿意干的是：救亡。学校也开始和上海的救国会在做战事发生以后的种种准备工作，学校的四周完全跨着战争的步伐，一切为抗敌，一切为着将来的自由和解放。那时再没有教师和学生之分，大家流着汗，做着许多必要的准备。校里一切的规章都被荒弃了，有时电灯通夜地燃着，刻油印，制标语，开会讨论，整夜地不睡眠。自然，这一切还都是秘密地进行，租界的法令规定中国人是不能在自己的区域里干救自己国家的事情的，因此，我们也十分明了自己所处的地位，随时可以去尝铁窗的风味的。可是救亡的热情已让他们

---

① 孔另境：《寻梦琐记》，载《庸园新集》，上海文艺出版社2006年版，第229页。

不再考虑个人的命运,尽管会被威胁,尽管会被浇冷水,父亲和学生仍旧半夜里到马路上去写口号标语,白天发传单开会。

那时,天气十分炎热,学校的位置又相当偏僻,和外界的接触频繁,幸而门前就是电车,而且电车公司特为他们设了一个"××中学"站,使往返者便利不少。学校里是整日有集会,不是本校学生的集会,就是外界来此集会的,讲演会、研究会、全体会、代表会、小组会,形形色色,各种都有。那时上海的救亡的领袖们,差不多都被邀请来讲演过,他们赞誉着这学校的精神,同时却也引起了外界相当注意。

华华中学教职员工合影　前排右一为父亲孔另境

随着抗敌形势的发展,从前不敢大声呼喊的口号,从前需要偷偷摸摸干着的许多工作，此刻都公开了，租界的工部局虽还阴阳怪气地发表一些文告，表示他们的中立性，可是有热血的中国人谁也不去理睬他们，"我们是为着挽救中华民族的灭亡"，"我们要用全部的精力来打击侵略者，谁要阻止我们的救国运动，谁就是我们的敌人"！

开头他们学校腾出了最下一层的全部房间，供给红十字会开办第×伤兵医院。一切的布置都非常简单而迅速，等到把床铺排好，伤兵的卡车就接连开进他们校里来了。这仿佛给他们一个很大的触动，平日高呼抗战口号的师生，这时才当真面对着为抗战而受伤的英雄了。当第一夜卡车不绝开来的时候，他们兴奋得忘记了睡眠，用着最诚挚钦敬的胸怀观看这新奇的一幕。学生并不能帮助他们什么，因为治疗伤者非他们的能力办得到，只是在一旁观看着，偶然给他们一点劳力上的帮助。大部分的伤兵都来自闸北，浑身染满了泥浆，连脸部也脏得要命，他们虽然都受了伤，但他们的精神却都非常饱满。因为来这儿的大都不是重伤，所以连呻吟也很少听得到。这些伤兵年纪都在二十至三十岁之间，以广东、广西的籍贯最多。

学校里自从开办了伤兵医院以后，情形更热闹起来。伤兵是愈来愈多，每天傍晚或半夜里，总有满载伤兵的卡车开进来，医院的人手显然不够了，学校里的一部分女同学，首先响应医院征求护士的号召，都自动地报名参加了，她们夜以继日地工作着，为伤者包扎洗涤，提水奉饭，甚至替他们提笔代写书信，讲故事、唱歌，她们毫无倦容。

之后，每天有无数个的各界慰问队到来，向伤兵馈赠食物和用品，有的甚至来表演各种游艺和短剧，使伤兵们的精神获得种种慰安。有一次，有某团体来表演街头短剧《放下你的鞭子》，满院子挤满了人，有伤兵，也有华华的学生，当演到老板毒打卖唱姑娘的时候，原有观众出来打抱不平的一场，不意正当观众中跳出一个青年来（是演员预先埋伏在群众中）救助卖唱女，同时斥责那恶狠的老板时，伤兵群里突然起了一阵喧哗，有一位伤兵一个箭步，倏地跳到场里，不问三七二十一，把那个老板用拳狠打起来，这时演老板的演员大喊救命，好不容易才把这位伤兵拉开，告诉他这是演戏，并非实事，他才如梦初醒，哈哈大笑，对那位演员连声道歉。

总之，自从开了伤兵医院，每天可以看见新闻，听见新闻了，大家的精神也因此而变得更活泼起来。

到九月初，学校决定照常开学，因为教室不够用，乃采用混合制。学生的数目，也大大地减少了，从四百人减到两百数十人，有一部分教员也辞职回乡去了。只留着几个胆子大一点和有认识的教师，他们虽明知局势严重，但为了自己的岗位，他们愿意冒险住下来。

因时局紧张，华华中学迁址到生活书店楼上继续上课。这个时候，学校里又来了一大批青年，这是从"苏州反省院"里释放出来的救国分子。人数大约有四十余人，他们被送到上海以后，因无住处，本校就慷慨地招待他们，把整个四层楼让给他们住。他们大都是近一两年内被捕去的，有各大学学生，也有职业青年，还有几位却是中学教师和著作家。他们的来处不同，各省都有，而以上海、南京被捕的最多，他们为着爱国而受罪，现在因为团结御侮，所以无条件开释了。这般人非常有组织力，他们经常开着各种研究会、讨论会，生活的约束也非常严格，和华华的学生弄得非常接近，其中有二三位，经本校聘为教员。

2019年6月28日，我和妹妹明珠访问了99岁的离休老革命黎鲁，他1921年出生，曾是华华中学的学生，所以可称是我父亲的学生。说起他在华华中学时的那些过往，记忆很清晰。我带了两张那时的老照片请他辨认，他说，愚园路的校址门口，挂着一块"上海大学同学会主办"的牌子，那里近中山公园，占地比较大，也高档。可惜他对照片上的人物看不清楚。他是在福州路生活书店原址，学校迁到那里时去上课的。他说，学费很便宜，学校以培养和输送新四军干部为主。这个学校一直是热闹的。挂着"上大"的牌子，那么，在全面抗战前夕，它肯定不是书本的学校了。他还说，父亲在"孤岛"时期是大大的有名，报上经常发表他的时论文章，大家认同他的观点，说出了他们心里话。

上海的情势一天天恶化起来，租界当局的压力渐渐加重，敌人的气焰不可一世，他们的爪牙已伸入到租界里来。学校为了安全，已把过去的锋芒完全收敛，一切回复半年前的原状，他们试图在租界的掩护下保存这所学校。留下了三位在学校里任教，其中一位姓田，据他说是福建人。可是，终逃不过敌人的魔爪。事情发生在一个严冬的傍晚。

田先生是担任着学校音乐课教职的，钟点每周不过六小时，是寄宿在校中。平常不大开口，但是指导学生却非常热心，而他的音乐技艺又非常高妙，所以学生对他很信任。父亲和他语言不方便，不很接近，所以也没有问过他的身世。离出事的前一天夜里，他突然写一封信给父亲，要求借一套西装给他，同时还向学校借一点钱，说他要暂时离开一些时候，已经请好了一个代课的朋友。父亲拿了一套西装给他，钱是没有借给他。因为学校的经济情况也很困难，自己也毫无办法。至于他为什么要这样突然离开，他既没有告诉父亲，父亲也没有去问他。不意这经济的压迫，竟造成了一桩极为不幸的后果。

大概因为筹不到路费，所以第二天他还逗留在学校里，大约在四五点钟的时候，有一位朋友来找他，据后来和他同房间的教师告诉父亲，那位朋友答应借钱给他，于是一同到外边去。在六时左右，他的朋友独自先来了，后来田先生也回转学校里，正和他的朋友在宿舍里闲谈的时候，校门外突然来了一辆汽车，车里跳下五六个穿便服的"华人"，把守着校门，接着又来了数十个武装的敌人，由"华人"带领，直奔田先生的宿舍，经过一番搜检，连田先生和他的朋友一块儿被拖出来送上了汽车，疾驶向西而去。那时父亲恰好不在学校，等学校以电话通知他，他即赶回报告静安寺捕房，那时敌人还不能在租界捕人，所以还能用学校的名义，致函工部局要求释放。在大约三五天以后，工部局回信已查问过敌人司令部，说并无此人，以后一再去函质问，并详述出事经过，工部局始允再为查究。可是从此以后，既不见田先生有片言只字寄出来，工部局的查询也永远在查询之中了。

几个月以后，上海突然发生了连续不断的人头案，据说这些人头都是爱国分子被敌人捕去砍下来的，而且有一个时候，工部局曾告示人民去认领。父亲那时想：这些人头之中，一定有田君的头在内,可是也找不到一个确证。

华华中学校长林钧(1897—1944),他对父亲的影响很大,他们是同学、同事,又一起办学。他是浙江省德清县人,比父亲年长7岁。最近查到《浦东英烈》第二辑"抗日战争时期"(上海人民出版社2015年3月)介绍他:

> 1924年林钧在上海大学就读时加入中国共产党,积极投身革命运动,曾多次被捕入狱,受尽各种酷刑的折磨。他善于辞令,经常在校发表演说,每次演说都痛斥卖国贼的无耻行径和贪官污吏的荒淫无耻,深受进步师生的欢迎。

1923年秋,上海大学设立社会系,首任系主任是瞿秋白,该系以学习马克思主义的基本理论为主,着力于劳动问题、农民问题、妇女问题的研究。1924年夏,林钧进入上大社会学系学习,在上大,林钧在瞿秋白、恽代英等直接指导下,系统地学习了马克思主义理论,懂得了革命的真理,积极投入社会活动。1924年10月10日,林钧与黄仁等上大学生一起到北河南路(今河南北路)天后宫参加"双十节庆祝大会",会上学生发表演说,高呼"打倒一切军阀!打倒一切帝国主义!"口号,遭到国民党右派殴打。林钧不顾一切上前制止,却也被打得血流满面。黄仁被他们从七尺高的台上猛力推下,不幸牺牲,至此引发了著名的"天后宫事件"。林钧因他的胆识,受到同学们的拥戴,也受到邓中夏、瞿秋白和邵力子等教师的器重。

上大学生会改选时,他被选为候补执行委员,并参加了上海学联的领导工作。1925年5月15日,上海棉纺七厂发生工潮。共产党人顾正红率领工人与资本家斗争,英勇牺牲,从而引发了工人罢工抗议的浪潮和声势浩大的五卅运动。30日下午,林钧和我父亲等一批上大学生纷纷进入租界,向群众宣传工人罢工的原因及资本家枪杀工人的真相,揭露帝国主义的罪行,英国巡捕开枪打死打伤群众数十人。当晚,中共中央决定组织行动委员会,建立各阶级反帝统一战线,发动全上海罢工、罢市、罢课的"三罢"斗争。面对严酷的局势,最后决定由总工会、全国学联、上海学联、总商联会以及总商会共同组成"上海工商学联合委员会"(简称"工商学联合会"),以贯彻党中央关于五卅运动的方针政策,统一领导全市声势浩大的"三罢"斗争,林钧参加了该会的领导工作。

6月11日,工商学联合会在南市公共体育场召开了10万人参加的市民大会,大会通过了与帝国主义使团严重交涉、与英日两国经济绝交等议案,并推举林钧等人与政府交涉,这是"五卅"以来上海第一次大规模的反帝集会,显示了上海人民在党的领导下坚决反帝的革命精神。

1936年3月,林钧当选为前上海大学同学会筹备会常务委员。同年11月,又被推选为前上海大学同学会总会干事。不久,参加筹办华华中学,并应聘为该校校长,把该校作为革命活动的基地。七七事变后,他经常邀请社会进步人士来校给全校师生讲演,自己也经常给学生们讲时事形势,支持学生办进步校刊,开展抗日宣传活动。1937年8月,林钧利用华华中学,协助党组织接待许多出狱同志,帮助他们重新踏上革命征途。经八一三事变上海沦陷后，在党的领导下，林钧秘密开办"抗日游击训练班"，把一批批经过训练的革命骨干和进步青年派往各地组织抗日武装。

以上内容完全符合父亲所介绍的林钧形象。

1937年上海抗战爆发，学校停课，把校舍开办为伤兵医院，又把教员学生宿舍作为接待由"苏州反省院"释放出来的革命者寄宿处。也因为这缘故，反动派和日敌都把华华中学看成是一个红色堡垒，一个音乐教师被日敌绑去杀了头。学校为了避免日敌直接迫害，乃迁移到福州路生活书店原址（此时生活书店已内迁）。同时，父亲为了适应抗战需要，又开办了一所华光戏剧专科学校，晚间即在华华校舍内上课。在抗战开始的三年当中，华华和华光在抗战文化宣传工作上曾起了很好的影响，当时留在上海的左翼文化人，几乎都和这两所学校发生过关系，或教课，或演讲，许多秘密集会也都借此举行，父亲在当时，是这两所学校的实际负责人。

当时在上海租界里展开了一场最尖锐的敌我半公开战斗。一面是日阀和汉奸，一面是我国的各党派地下工作者。那时经常以匕首似的笔杆，给敌人以无情的刺激的抨击，有那笔名"巴人"者。他是父亲的好朋友，与他关系非常好，我们孩子常常听他提起"任叔、任叔"的，还说他是青年们的"大众情人"。因为，他替他们喊出了愤怒和痛苦，他替他们指示了生活的道路，他鼓励着大家，他赞美着抗战，用他的活泼多姿的笔锋，活跃于当日的文坛。这"巴人"却是王任叔先生的笔名。父亲敬佩他。

这时，有一部分的文化人随着政治局面的逆转，都撤退到大后方去了,不能不使留下的人多做一些事情,而且担任一些领导的事情。王任叔担负了许多领导的工作,逢人就谦虚地说:"现在是'蜀中无大将,廖化作先锋'了!"

1938年的下半年,为团聚留沪的作家,有人组织了一个"上海作者协会",参加的有数十人,经常集会的地方是在四马路的一所中学里。父亲和任叔对这组织非常热心,毅然成了协会的核心。协会的寿命是够短促的,最初挤得满满的一课室的会员,慢慢地减少下去了,开会总是流产,议决的事情也很少做出成绩来。可是有两桩事情是由决议而付诸实施的。

一桩为世界书局编辑一套"大时代文艺丛书",是郑振铎、王任叔和孔另境三人负责集稿编辑的,总算在1939年7月中旬出了第一辑的十一册。此后环境日非,不能续出,等到敌人占领租界,连纸型也给查抄去销毁了。

这套由父亲孔另境与郑振铎、王任叔为世界书局主编的"大时代文艺丛书"共有十一册。除收有孔另境、王任叔等人的《横眉集》、巴人的论文集《扪虱谈》外,还有陈望道(笔名:齐明、虞人)翻译的卢那察尔斯基的《实证美学的基础》,柯灵的短篇小说《掠影集》,容庐的《繁辞集》,王行严的长篇小说《突围》,白曙、石灵的散文与诗《松涛集》,郭源新、韦佩等的短篇小说《十人集》,冯夷译苏联作家微尔塔的长篇小说《孤独》,屈轶译德国作家格莱塞的长篇小说《和平》以及石灵的五幕悲剧《当他们梦醒的时候》等。这在当时的上海"孤岛",是一套进步的大型文艺丛书。丛书的序言说:"文艺工作者在这个大时代里,必须更勇敢、更强毅地站在自己的岗位上,以如椽的笔,作为刀,作为矛,作为炮弹,为祖国的生存而奋斗,……一个光明的大时代,就将到来。"

可见"大时代文艺丛书"的编者为宣传抗战竭尽了心血。

第二桩是决定办一定期的文艺刊物,内容须是泼辣地击刺,似投枪,似匕首,给敌人以无情的攻击,因此取名为《鲁迅风》,最初的编辑者是文载道,因为编得不能如预拟的目标,于是改由王任叔接编,一共出了二十多期。这一刊物在当时的影响相当大,经常执笔的有王任叔、周木斋、石灵、唐弢、文载道、柯灵和孔另境,而王任叔写得特别多也最有影响。

有评论认为:"孔另境是我国现代出版家之一。在抗日战争时期,他所主编的'大时代文艺丛书'、《剧本丛刊》是上海'孤岛'文学中较有影响的书籍,为宣传党的抗日民族统一战线起过积极的作用。""孔另境师承鲁迅先生,擅长写杂文,笔名东方曦。他的《斧声集》《秋窗集》《庸园集》和《中国小说史料》等,对旧中国进行了揭露和抨击,在当时

孔另境笔名东方曦在《鲁迅风》上的文章

曾产生过积极的影响。"①

创办华光戏剧专科学校

华光戏剧专科学校的前身是华光业余夜中学的戏剧科。戏剧科只开了半年（1939年下学期），就由它蜕变而成为华光戏剧专科学校了。这所学校是父亲一手创办起来的，花了大量的心血，在当时的"孤岛"环境里，宣扬了抗敌的不屈正气，团结了在沪的文化人，培养了不少优秀的学员。这是他的骄傲，为此写了《华光剧专回忆录》等，为我们了解父亲在办这所学校的经历提供了详细的资料。

父亲创办华光夜中学是利用了现存的校舍。那时他正在华华中学教课，又寄宿在校内，新迁的校址是商业中心的四马路，那时又正当量才补习学校已停办。上海尚无大规模的新办补习学校，所以华光一开始招生，报名的学生很拥挤。办这个学校可说不费什么力气，校舍既现存，教师又可请华华中学的老师兼任，所感困难的却是学费收入不够开支，那时只收二元一科的学费，共有二百多学生，千把块钱的收入，怎么够一个学期的开支呢？

但那时抗战已过周年，正当国难严重的阶段，撤退到大后方的文化人，正在火线上和敌人厮杀，我们留下来的可说

---

① 朱联保：《孤岛文学补遗——孔另境主编的"大时代文艺丛书"、〈剧本丛刊〉》，载《书林》1980年第4期。

已经够退缩了,所以生活上的困苦实为分所应当。只要我们不降敌,只要我们还能动弹一下的时候,我们是应该尽可能给敌人一点不利的。①

父亲办这夜校,目的无非想团聚一些有热血的业余青年,给予鼓励,增加其自信,虽并没有任何更大的企图,即这一点也有相当价值,是留在"孤岛"的文化人一点起码的责任。

华光经过苦苦挣扎半年以后,同人的情绪虽然很高,可是当时的环境却愈来愈坏。和"人头案"同时发生的,是经常的政治绑架和暗杀。租界工部局对于日本军阀一味采取绥靖政策,这更助长了敌人的气焰。可是他们种种恐怖卑劣的伎俩,并不能熄灭同胞对敌人的憎恨之火,即在文化界方面,大家也仍旧毫无畏惧地干着许多反抗他们的工作。华光的成长显然在于抗日,除了上课,还有各种半公开的集会,除了本校学生,还有外界的青年参加,如唱歌会、讲演会等经常举行,那时敌人的密探网大概还不十分精密,所以我们的这种种行动,还没有碰到什么严重的打击。

1938年底起上海新产生了许多业余剧团,话剧的演出渐渐活跃起来,许多青年都愿意投身于话剧运动,但自觉缺乏修养,于是这戏剧科的开办,正是适应了他们的需求。当报名开始以后,来考的人多得很,原想招收三十人的,后来不得不扩充为甲乙两班。主持这戏剧科的是鲁思先生。教师有吴导、金鑫、黄鲁、

---

① 孔另境:《华光剧专回忆录》,载《庸园新集》,上海文艺出版社2006年版,第150页。

陈明勋等。那时，事属草创，所以一切都是简陋得很，每晚又只能上两节课（每节五十分钟），课程内容自然只好基本又基本，同学的精神却极好，还要抽出时间来练习排戏。

　　经过了差不多三个月的训练，居然可以公演了。这就是"华光业余夜中学戏剧科首次实习公演"，时间是1939年11月26日，地点是新新公司里的新都剧场，演出的是三个独幕剧：一、《二楼上》，黎明导演；二、《被摧残的生命》，吴湄导演；三、《蠢货》，黄鲁导演。演出者除了本校的同学外，导演吴湄还兼演了《被摧残的生命》里的母亲，徐立先生客串了同剧的高志全，金鑫先生客串了《蠢货》中的史米诺夫。因为有了几位戏剧界的有经验朋友参加，所以演出的成绩自然不会坏了。当时演出只有一场，而外界的评论却很热烈，这些评论大多是称许的。

　　这次演出是赚了钱的，总有一百多元吧，这对于学校也有不少帮助。而更重要的是这次演出提高了学习者和办学者的情绪，华光后来之改为戏剧专校，出发点就在这一次演出。

　　1939年起，上海的话剧运动发展得非常蓬勃，职业剧团成立了，经常演出的地盘也有了。上海剧艺社在环龙路十一号法国工部局大礼堂首先演了《爱与死之搏斗》，极得社会的好评。之后，璇宫剧场也经常上演话剧。观众之多，已不下于评剧和电影。那时的名剧如《夜上海》《明末遗恨》等上演，可说是投给"孤岛"上男女的一副兴奋剂，使他们兴奋，也使他们警惕，同时也证明这"孤岛"上的同胞"人心未死"，文化人是负着教育和经常鼓励的重大责任的。

1. 学校的规模

将华光业余夜中学改组为"华光戏剧专科学校",校董会也同时加以改组。由陆高谊先生任校董会主席,其余如柳亚子、陈望道、胡愈之、周剑云、唐槐秋等都请为校董。一方面由孔另境拟具编制及招生计划,即日进行招生。华光剧专于1940年1月中旬开始招生,规定开办三个系:演员系,编导系和技术系;程度是初中毕业至高中。上课则因为课室的限制,只能在晚上。所订定的功课大致依照欧美及苏联的戏剧学校的课目,当时的招生委员会有六个人:吴永刚、戈戈、周贻白、鲁思、陈明勳和父亲孔另境。

当初规定修满一年即毕业,不免有点速成的意思在内,所以功课虽定得五花八门,而实际上所获的实益,无疑是极少的。现在抄一点演员系和编导系的功课表。演员系:国文,国语,剧本朗读,社会科学,心理学,戏剧概论,名剧研究,中国戏剧史,欧美戏剧史,演员艺术,表演术,声乐研究,舞俑,演剧方法论。编导系:国文,英文,国语,社会科学,编剧术,导演论,导演术,名剧研究,戏剧概论,戏剧批评,剧作家研究,中

创办华光剧专 孔另境时任校长

国戏剧史,欧美戏剧史,戏剧方法论,艺术社会学,实习。

当时的教师有周贻白、吴永刚、戈戈、陈明勋、何剑飞、吴湄、巴克、陈歌辛、黎明等,还有特约讲师:于伶、魏如晦、吴江帆、许幸之等。演员系主任戈戈,编导系主任鲁思。

2月19日开学。上课了,刚开始教室都挤满了,教师和同学都怀着高度的热情,可是当功课进行了几个星期以后,上课的人渐渐减少下去,原因是因为呆板的课堂生活使学生们没有"兴趣",于是有学生代表来向父亲提议,要求答应他们同时实习演戏。按照学校的规定,原来要学习理论半年以后,才能实习排戏,父亲自然给予拒绝,于是他们就向教师方面活动,请教师来提议,一边学习理论,一边实习排戏。对于戏剧教育,原是试办性质,因此就召集了教师会议,听听大众的意见,讨论结果,认为不妨试试,但附带一个决定:实习不妨碍上课,导演和剧本由学校决定,将来是否演出,也由学校做主。

这一宣布,欢声雷动,第二次上课突然增加了人数。从这里可见演员系人数特别多,编导、技术系人数特别少的缘故,就因为青年们都想要来试一试"身手",也说明学校定的一年毕业,符合这班青年的心理,要是定了二年三年的话,怕就没有人来投考了。

实习的戏是三个短剧,一个是《享乐的人们》,一个是《伪婚》,一个是《米》。三出独幕剧同是现实的暴露剧,内容极单纯,思想是很肤浅的,只是因为容易排演,所以选定了的。导演则决定黄鲁先生导第一个,戈戈先生导第二个,何剑飞先生导第三个。排了一个月光景,终于在同学们的热烈要求下,给予演出,日期是4月13日,地点是西藏路南京路北首的皇宫大戏院,即现在的国联大戏院地址。华光剧专的同学会，在暑假里又演了一个《人之初》多幕剧，地点是俄国艺术剧院，成绩虽不是很好，但可见同学们对于演戏的热忱。

2. 方言剧的尝试

华光剧专开办了半年，虽然碰到不少困难，主要是经济的困难，但师生的情绪都还能保持相当的高度，因此在暑假期间，学生们是忙着演出《人之初》，而学校各部分的负责人则在计划此后的发展。

首先，决定了增加上课时间，由每晚两节增为每晚三节——从七时到十时。功课自然也增多了，其中特别多了国语和剧本朗诵的钟点。根据两次演出的情形，觉得演出中最成问题的不是表演技术不够，而是国语不够标准，现在决定增加国语的训练。同时，因了这个原因，使父亲产生了另一种感觉，觉得剧艺是一种社会教育的工具，最主要的目的，是要使观众能接受。这接受可以分为两部分：一部分是表现的内容，一部分是表现所采取的形式。台词的调子显然是属于表现形式最主要的一点。观众是并不能统统听懂国语的，在上海，应该是以上海方言为普遍的语言工具，所以倘能以方言来演戏，其效果一定能大于用国语的，上海地方戏之发达是一个极明显的例证。父亲的这一意见，颇得本校大部分教师的赞同。因此，他们毅然在课程里增设了"方言剧"一课，聘请倪海曙先生来主持这训练方言的标准发音。还添聘了许多新教师：许幸之、赵景深、陈歌辛、陈刚、胡导、于由、石灵等；并请鲁思担任教务主任。

9月1日开学,学生还是一百多,招收了一班新生,但旧生中也退学了一批。上课将近三个月的时候,于是决定举行第三次实习公演。这次排了六个独幕剧,预备演两天三场,地点借了璇宫剧院,日期是11月21日和22日。21日的夜场演《流行症》,黄鲁导演;《黄氏》,龚家宝导演;《郑成功》,徐渠导演;22日的日场演《醉了》,仇铨导演;《郑成功》《未婚夫妻》郑璧导演;夜场演出《未婚夫妻》《醉了》《米》,黄河导演。这一次的规模比以前几次大得多了,戏院比较优良,而剧目也比较多。还有两点值得特别提出的:一点是他们打算试演一下历史独幕剧,即《郑成功》,这原是从《明末遗恨》里割取下来的,头尾稍添了几段台词,演来倒也觉得自成段落。另一点是试演了一出"方言剧",即《黄昏》,用了上海方言,剧本由倪海曙先生改编和翻译。倪先生把这工作做得非常认真,演员中的一位陆秋云女士演得非常出色。不但当场演出效果很好,而且在演后引起各报和刊物的热烈讨论,形成一场方言剧的论战。

在艰难困苦中成长起来的华光,在当时的"孤岛"上确也起了一点作用的,不过困难还是很多,父亲在1月20日(1941)对《中美日报》记者谈话中曾说过一段话:"第一当然是经济太困难,我们所收的学费只十二元,比一般小学还要低。为顾及同学们的负担,下学期也并不增加。所以要想举办的计划总不能做成功。下学期希望'华光剧社'方面能赚一点钱,也许可以补贴一点学校。第二点困难是同学太少,演出时常感不敷分配之苦;希望上海的女青年多多来参加学习才好。我们现有的十几位女学生,都是经过和家庭斗争才来的,一般的家庭都不了解话剧，以为他们的女儿来学戏剧，是一桩不高尚的事情。这种错误观念的存在，证明话剧运动的推广实在十分重要，专门谈艺术至上主义是不成的。第三点的困难是教授太不容易物色。上海戏剧界的人才似乎太少了，能担任教育青年的已经不多，有的还因为太忙或别的缘故，不能来任教。不过现在这个问题已经比较不成问题了，经过一年来的奋斗已得到一部分戏剧界朋友的同情，他们已愿意在百忙中抽出一点时间来为学校服务了……"

3. 立案前后

在第三个学期之中，他们开始试演一出大戏，那就是果戈理的《巡按》，改名为《狂欢之夜》，由鲁思改编，芳信、徐渠、穆尼执行联合导演。日期是 1941 年 4 月 24 日，地点是璇宫剧院，演了日夜两场，其中有乔奇和路珊两人客串演出，成绩要算很好的。这是一出世界名剧，鲁思改编得相当认真，如果看过了这出戏再去看现在还在上演的《升官图》，那不但觉得《升官图》里有《巡按》的影子，也会觉得果戈理的手法毕竟是高人一等的。

那时候，南京伪政府已经成立了，他们的魔爪已伸向上海的教育界。那时租界虽然还存在，可是那"保护"的力量却十分薄弱了。寄庇在"租界"里的学校，有的已向南京伪政府去登记，有的已蒙核准立案了。但大多数是采取不理态度，因为究竟还有"租界"这薄墙挡着！还可以苟延残喘一下的。华光的开办，原未向任何机关登记过，这时环境日恶，父亲认为应该设法和教育部的秘密驻沪办事处取得联络，呈请他们转呈重庆教育部准予立案。这显然是含有政治意义的举动，所以在还

没有呈报各种表册及按照普通立案程序办好手续的时候，教育部就迅速电复核准备案了。那公事是由用"余正"的代名给他们的，文曰：

> 查该校呈请立案一案，经予转呈核示在案，兹奉教育部寅庚社八九七二号电开："华光剧艺学校可准设立，招收初中毕业生肄业二年，其性质相当于高级职校，应饬拟章则、计划、预算及员生表报核，完成立案手续"等因，合亟转行遵照。（民国三十年三月十八日发出）

学校愉快地接受了这个批示，于是就着手更改校名为"华光剧艺学校"，同时准备着呈报的各种表册文件。

4. 关门大吉

到1941年夏天的时候，太平洋的形势已经很紧张了。日寇在中国的泥足越陷越深，可是中国抗战的胜利也似乎遥远得很。滞留在上海的文化人，几乎不能做什么工作了，有的已经蛰居起来了，有的预备改行了。这时敌人的压力一天天加重，英美的抗拒力渐渐地减弱起来。此时中国人住在租界里，政治保障可说已经完全不存在了，敌人随时可以来压迫你，逮捕你，唯一还可以苟延残喘的，只是敌人还不能公然命令你，你还不是它正式的被统治者。

父亲说："华光的开办，原不想它长命百岁，所以百年大计是没有的。等到1941年夏天以后，这观念更其显然了。英美的绥靖政策已不能为日寇所满意，日寇疯狂的侵略欲是无止境地发展着，除了英美势力根本从太平洋撤退，迟早会发展到武力冲突的地步的。等到日寇一旦和英美的战事发生，租界的藩篱马上就被冲决，那时除了甘愿向日寇递'投名状'，是决无幸存之理的。所以我曾毅然地向教师同人和同学宣布过：哪一天日寇冲进租界，哪一天华光就宣告关门大吉，我们决不想在敌人的铁蹄之下还办什么'教育'，华光是抗日的，所以我们打算保留这一点清白。"①

华光剧专的抗日话剧活跃在"孤岛"的剧坛上，引起了敌人的注意。76号敌伪特务机关，伸长鼻子，准备抓华光剧专的骨干和进步教师。有位姓冯的女同学，他的父亲和叔伯都是76号特务。他倒是个有正义感的好姑娘，痛恨父辈的卖国无耻行径。她在家里无意中见到一张黑名单上赫然是他陈老师的名字，而且还画着教室的地形路线，写着逮捕的日期就在下一天。他急忙赶到学校通知紧急情况，陈老师及时隐蔽起来，才免于难。其他师生仍然坚持上课。

据我母亲回忆，"那些天，另境回家后，心事重重。他不仅要考虑自身的安危，还要为全校进步师生的安全负责。"母亲当时不敢拿柴米油盐的事去烦扰他，只得偷偷地把衣服送进当铺来维持生活。两岁的儿子也懂事地不去纠缠爸爸了。

在日寇尚未踏进来直接统治"孤岛"的时候，大家是还可以苟延一下。因此，他们决定1941年的秋季还是照常招生，而

---

① 孔另境：《华光剧专回忆录》，载《庸园新集》，上海文艺出版社2006年版，第150页。

且还决定增设一班新文学科,专门招收一班有志于新文学的青年。所以特别标明"新文学科"者,就是要不同于现下各大学的文学系。这是打算专授新文学的各种知识,因为学习的时日是迫切的,无法从容地来研讨那浩瀚的中国旧文学了。父亲说:"我们要练就一把短小的匕首,来服务于抗战的刺击。这见解,这决定,现在回想起来,实在不失为高明的主意。可是当时却因为立案的关系,不能在章程上宣示出来。"

秋季开学了,除了演员系仍旧相当发达外,文学科的学生有四十多人。文学科的主任原请定周木斋先生的,但在暑假快要开始的时候,他患了肋膜炎,一直拖到夏天,终至不起。后来就请陆象贤先生担任主任。教师有赵景深、石灵、唐弢、戴平万、文载道、黄峰等。这许多先生都是父亲的熟朋友,他们都教得非常认真。学生上课的情绪要比演员系好。而且学生中确有一些极肯用功极有天分的青年。所以虽然仅仅办了半年不到,然而回忆起来父亲觉得还是那么鲜明和满足。

经过一年半的时间,学生们对演出的能力也有些自信了。上学期演了《狂欢之夜》以后,他们的胆子更是壮了不少。那时刚有人从后方带了一本宋之的先生的《雾重庆》剧本来,这是写重庆社会动态的。暴露着陪都的种种形象,尤其是青年的苦闷。决定把它排演起来,由鲁思先生担任导演。演员以已经毕业了的老同学来担任。到11月21日,正式公演了,地点是俄国艺术剧院,演日夜两场。公演时的剧名更改为《山城男女》,那是为避免种种障碍。果然,当他们演过后,上海剧艺社打算上演时,工部局即不予通过了。这是华光的第五次公演,也是最后一次的公演。

那时文学科同学也想来一点表现，决定出版一种《文学与戏剧丛刊》：第一辑题名《前奏曲》，篇幅有十万字，是12月初出版的。但正当此时，太平洋的大炮响了起来，因此除了偷偷送几本给写作者和学生，没有公开发卖。

他们的主意是早就决定了的，而事实也终于降临了：当12月8日早晨起来的时候，租界的藩篱已经被敌人冲决了，敌人终于下了最后的一着棋子，这是疯狂的冒险，但也是它绝命的挣扎。敌人必然要倒下，这太平洋的炮声仿佛给了保证！

这时，父亲马上打电话给寄宿在校里的叔叔令杰："请你马上把校牌收进来！从今天起，华光停止上课！"

有了将近两年寿命的华光戏剧专科学校，于是关门大吉！

5. 华光同学的回忆

关于华光剧专的影响，半个甲子后，华光的学生周正行回忆很真实。她在《难忘的校长——回忆孔另境先生》中表示：孔老师另境先生于我有恩。我今天都已经是80多岁的人，却始终念念难忘孔先生对我最初的启蒙与大力栽培的知遇之恩。她说：

　　太平洋战争爆发后上海成了所谓的"孤岛"，其时我因家境困难，很无奈地考进了一所名叫"新春秋"的戏剧学校。孔另境先生在该校教国文，是我的老师。先生每每在我的作文上画很多的圈圈点点，夸奖和指点我怎样才是好文章，怎样才能写出好的文章。那时我才是一个十七岁的小女孩,根本不会写更不懂怎样才能写出好的文章。但是经过孔另境先生的鼓励,我竟然对文学开始有了兴趣。在"新春秋"剧校时,虽然我平时上表演课也很认真并且成绩优良,但是我却不愿意上台演戏,觉得羞怯。后来"新春秋"剧校行将结束。在我正茫然不知道何所从时,孔另境先生自己创了"华光戏剧专科学校",他叫我到"华光"去继续深造。我求之不得有这样好的一个机会。但是我家境贫寒,连生活也难以为继,交不起学费啊!另境先生当即热情慷慨地答应我免交一切学杂费,让我进"华光戏剧专科学校"就读编导课。"华光"在四马路(今福州路)一幢洋楼的二层楼上,我在那里读完了编导系,接着又读文学系。我是从"华光"的受业中才真正对戏剧加深了认识,进而产生作为人生事业的追求与爱好。我以为孔另境先生也必定是把"光华戏剧专科学校"当作教育事业,当作一种社会职责对待的吧。他是那么热情,那么全力以赴地为"华光",也为中国的话剧艺术操劳而且成绩斐然。"华光"设有表演和编导两个班。因为我是学戏剧文学和编导的,所以表演的专业老师有哪几位我并不很清楚(谢晋、张伐、上官云珠等是表演班),但是来我们编导班任过课的老师迄今我能记得起的有:赵景深(中国戏剧史)、谭正璧(中国文学史)、唐弢(文学概论)、顾仲彝(编剧术)、许幸之(导演论)、黄峰(西洋戏剧史)、文载道(名著选读)、徐渠(舞台美术)、陈鲁思(戏剧评论)。我们知道教育质量跟师资有重要关系,为我们"华光"讲课的老师可以说大多是在学术上有一定建树的专家，他们能上"华光"的讲台，也可见孔另境校长掬诚戏剧教育事业付出的辛苦。老师上课是非常生动的。我现在还记得赵景深先生给我们上课时，结合课程内容连唱带做的情景，实在是很有趣，很吸引学生。他为我们讲昆曲《牡丹亭》时，从游园惊梦，伤感致死，到杜丽娘复生，与柳梦梅结为夫妻为止，都是一边讲一边唱，绘声绘色，好像总也讲不完，我们学生总也听不够似的，生动极了。当时"华光"表演班出来的学生如谢晋、上官云珠、张伐、李明（王大经）等，后来陆续从舞台步上了银幕。倒是当时与我同在文学系的董鼎山，尽管是远在大洋彼岸的纽约大学任教，互相还曾通消息。好多年前他曾经回上海探亲访旧，"华光"的部分校友曾经在文艺会堂聚会叙旧，大家谈起"华光"的往事，都不胜依依。

我已经说过，在"新春秋"的时候我就坚决不上台演戏，又承孔另境先生倍加爱护让我进"华光剧专"读编导并进而读文学，我因此总算逃过了一关。可是那年"华光剧专"表演系的毕业演出要排《狂欢之夜》（据俄罗斯作家果戈里的剧本《钦差大臣》改编）他们因为女演员不够，千方百计还说是孔校长也认为我应该去帮表演系这个忙。这也真是"在劫难逃"。我被派扮演剧中县长的女儿，乔奇饰假钦差。我演的那个县长女儿是要和假钦差谈情说爱而且还要热烈拥抱的。在舞台表演这样的动作，这在当时的社会情况下是非同寻常的，然而在孔校长主持的"华光戏剧专科学校"敢开社会保守的风气之先，毅然对广大的观众拉开了大幕，演出了！在当时这是很不容易，要一点为艺术而不顾一切的精神的。上海虽说是"洋场"，但封建的思想意识仍然浓厚。我的父母得知我在台上演谈情说爱的戏，那还了得！于是把我拽回家关在房里还加了锁。我在弟弟的帮助下离家出走了。这时我又得到"华光"的老师如许幸之等的同情与关心，躲到"大钟"剧社一个单身的女演员马笑侬那里。因为《狂欢之夜》是"华光"的毕业演出，而我这个"华光"的女学生又因演出的缘故被逼得离家出走，此事就成了社会新闻，有的报纸如"华光"老师陈鲁思所在的《中美日报》就为此作了报道，还登读者来信，纷纷对我表示同情与支持。我想如果写"华光"校史的话，《狂欢之夜》毕业演出引起这个小闹剧如能记下一笔，也许是很有趣的吧？

正巧我在"华光戏剧专科学校"的毕业创作——喜剧《影迷传》此时由一个叫《大众文艺》的杂志发表了，而且还得到了30元稿费。这是我有生以来第一次自己挣的钱，我拿它全部上交母亲做家用。之后不久，还有个剧社（现已记不起该剧社的名称）将此剧搬上舞台，正式在兰心剧场公演过。这是我生平第一次发表剧作，也是第一次在上海演出我的剧本。当时我才19岁。很有趣的是我的毕业创作——第一个剧本恰巧是个喜剧，更没有想到我竟从此与喜剧这个剧种结下了不解之缘，以后多少年一直到我退休都是写喜剧（滑稽戏），可以说我和喜剧打了一辈子交道。从最初在"华光"的毕业创作《影迷传》出发，到后来的《满园春色》（此剧曾经有幸上北京进中南海演出招待中央首长，颇受赞赏）、《笑着向昨天告别》《一千零一天》《出色答案》(此剧为全国庆祝建国30周年上北京的献演剧目,并荣获创作和演出两项奖)、《海外奇谈》……不能说这些成绩的取得与当初我能够进"华光剧专"那一段学习生活没有一定的因果关系。回想我这一生的经历:我怎么会成为一个专职编剧? 最初是因为孔校长另境先生的关心与帮助我才进了他所举办的"华光剧专",在那里我正式入门学编导;我一生所写的剧本不算少,而且几乎都是喜剧(滑稽戏),但是我的第一个喜剧剧本《影迷传》又恰恰是我在"华光戏剧专科学校"的毕业创作。可以说我是从"华光"走出来的。我至今还念念不忘我们的学校,念念不忘我们的校长孔另境先生。不只是我个人,很多"华光"同学也有和我相似的感情。记得在七十年代末八十年代初期间,"华光"的老同学经常聚会叙旧,不仅如此,还由曾经是"华光"的老师穆尼先生牵头、校友为主力举办过业余戏剧夜校,热闹了好长一阵子。当时虽然都是年逾花甲的老人了,可是这些老同学聚会在一起谈起为"夜校"服务时,个个都兴致勃勃,谈话间不免说起"华光剧专",同时想到校长孔另境先生,对"华光"对校长充满怀念之情。而我对孔另境先生更是多一层感念,我甚至以为假使当初没有另境先生在"新春秋"的教导与鼓励,没有另境先生对我这个家境贫寒的学生的关心与帮助而得以免收一切费用的话,我恐怕是无缘于戏剧创作,也无缘于我所爱好的喜剧生涯了。①

---

① 周正行:《怀念孔另境校长》《回忆敬爱的老师另境先生》,载《孔另境先生纪念文集》,上海文艺出版社2014年版,第72、76页。

成立华光剧专校友会

结婚生子和沈老太太

1938年11月12日，在上海沦为"孤岛"的周年，父亲和他的学生金韵琴借威海卫路中社礼堂结婚。婚礼成了"孤岛"上的文艺界战友们一次大团聚的活动。柯灵先生说："我认识另境和韵琴，都在1938年，抗战期间的上海，孰先孰后，却已印象模糊。我那时一面在编《文汇报》副刊《世纪风》，另境是热心的支持者；一面在上海法学院新闻专修科执教，韵琴是我的学生。起先我并不了解他们的关系，后来他们成为伉俪，我参加了婚礼，才揭开谜底。"其实，我母亲也是父亲的学生，所以，他们的年龄相差15岁之多。结婚时母亲只有19岁,父亲已经34岁了。在这个家庭里,母亲自然依从父亲。很快,他们迎来了第一个孩子。

近日,在整理父亲孔另境的文稿时,发现他写于66年前的日记几则,这是较完整的写于稿纸上的文字,有前言和最后的写作日期,至今没有查到它发表过的任何记录,当属遗文。在据手稿在电脑上抄录时,欣喜地发现和情绪的酸楚时时

孔另境、金韵琴结婚照(1938年)

袭来,因为它真实地记录着上海处于日寇包围的"孤岛"时期,文化人的精神生活和经济重压,这生死之间的重担使他们身心疲惫,苦不堪言。

在这段日子里,父亲迎来了他长子的出生,以及他的父亲的流落异乡的死讯。发生在他人生中的两件大事,却相差仅仅七天,这一喜一悲的日子刻骨铭心。

父亲得子时已35足岁,他结婚很晚,婚后马上添丁该是喜悦的,然而,他的喜悦却伴随着经济的重压,为此,他睡不着觉,"我的神经为这个难解的绳索扎紧了,生产的费用不用提了,生产以后的日常开支势必增大,而自己的收入反而一天减少一天,上海的物价近来又飞一般高涨着,这将要到来的小生命,我们

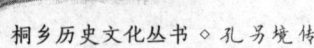

用些什么去培养他呢!"他"急喘"不已。

祖父病逝于1939年8月27日,父亲却在9月4日才得到消息。他说:"我父有病,已连接快信,不料竟至不起!且又避难他乡,无一亲人在侧,其孤苦凄凉为何如耶!但现以时局关系,书信往返极慢,电报亦不通,今日之快信亦已越七天之久,故即使赶往,亦早经入殓。"父亲的心情极为低沉,促使"急喘"更为加剧。

不仅如此,1939年9月18日和19日我父亲连续接到从家乡的多方面报告:9月13日,敌人以无情的火焰焚烧全镇。从13日起至14日晚上,共烧了两日一夜,把一条青镇最精华的东街完全焚毁。而"我家适处东街,不获幸免,房屋全部焚去,庸园亦波及摧毁,只剩断垣、乱石、枯池、荒草而已"。不仅一条街被毁,使得大部分街上的居民无处可去,于是,他们拥入孔家花园里的几间破屋和山洞之中。来信的族人问询这位孔家的长房长孙:"此数千人既身无长物,必须长占本园以为居,我家既无人照顾,故园中之花木家具,恐均将供难民们作燃料,即连那几枝断椽颓壁,怕也要全部拆光。"族人的担心也是实际,敌人的火焰已经把庸园毁了,致使青镇上无家可归的千数人逃到此地,长此以往怎么办呢?能把他们赶走吗?父亲的回答:"任他去,算了!"庸园被烧这笔账应记在敌人的头上,老家的财产早已经不在他的心上了。

现在公布的是父亲从1939年8月20日至9月21日,一个月中的五次日记。日记中报告了这段"急喘"历史的发生细节,也有他周围人际关系的情形,他得到的帮助等,弥足珍贵。大

致有这么几点史实值得重视:

其一,公布了当时生育孩子所费多少的历史材料。作为一家之主,在非常的"孤岛"时期,又在经济重压下,如何度过呢?父亲记录了一笔详详细细的账目。这是份很好的生育历史的经济资料,既生动又实际,既有人性关怀又有理性考虑。如调产房的事,从六个人一间调到两个人一间,预购的经济生产券资金二十元,预定可以包括一切生产费用,及可住二等丙种房间七天。但是,岳母提出环境太差,换房后需再增补每天五元。这笔经济账还只是进产房的第一步。又如母亲难产后的调养,父亲考虑"如经济宽裕,当可多住数天,但照目下情形,每日须费八九元,故征得韵琴同意,即于今日上午出院"。出院后回娘家调养等。父亲说:"添此负担,不胜狼狈,幸得人助,始勉强过度。"

其二,人在"狼狈"之中,幸得人助,缘于父亲的人际关系。日记中他记录了于友人金性尧处告贷的情况。原因是"调房既定,医院嘱须先付五十元,而原付之二十元则作为接生费,我囊中仅携二十元,而家中亦无存款,不得已,乃至友人金性尧处告贷,金家距医院甚近,而又为友辈中最富足之一人,及商恳,果立贷予五十金,及返,而心中之石始坠下焉"。关于这件美事,近几年中,我曾多次向金性尧先生咨询,时隔太久,他却一点也记不得了。

关于金性尧先生"为友辈中最富足之一"的情况,母亲的一篇回忆父亲在"孤岛"期间的文艺活动《坎坷的经历》一文中也有说起,她说,当时,这一批文艺战友也常到我家聚会。《鲁迅风》经费困难也是个话题。有次,活泼多趣的王任叔指说《新闻报》上一条"本市绑匪猖獗,连日作案多起!"的报导,说道:"有了,《鲁迅风》的经费解决了!"指着金性尧说:"经费就在他身上。""金性尧父亲不是个富翁吗?让性尧不要回家,我们写封匿名信给他父亲要一笔钱,限期交来,否则撕票。他是长子,他父母爱子心切,一定会忍痛把钱交出来的。那经费不是就此解决了吗?"说得大家哈哈大笑,连金性尧也忍俊不禁。

其三,父亲与沈老太太的关系。日记中说的"沈老太太"即父亲的姐夫茅盾的母亲,父亲"平日她相当的接近"。"大约战事经过一年的时候,老太太从家乡到上海来了。那时茅盾和他夫人以及两个孩子正从香港动身到新疆去。她起初寄居在一位族人的家里,后来因为感觉不便,就另外租住了一处,……这就剩了她一个人孤独地关在一间房间里。我因为觉得她太寂寞了,就经常去探望她,她也仿佛特别希望我去看看她……"

当长子出生那天的中午饭后,父亲即至沈老太太处报告,"老太太垂询一切后,说费用恐尚不够,予我五十金……"这时,他们有一段对话,老太太把钱拿在手里的时候,突然回过头来严重地向父亲说:

"××,不够的,我再多给你五十元吧!"

"不,够了,我已经付过五十元给他们了。"

"不行,你宁可多拿五十元去,现在要紧的是性命,他们要多少你就给他们多少,要打针尽打就是,钱我这里有!"

沈老太太平时非常节俭,遇到大事如此大气,甚至是以命令的口气为亲戚小辈着想,使父亲"仿佛面对着自己暌别了二十年的母亲,我的泪水止不住要流下来了,我再也说不出一句话,我完全惘然起来,一种亲切慈爱的伟大的感觉直贯注着全身……"日后,沈老太太不幸逝世,父亲怀着感恩的心情,着力撰写了《一位作家的母亲——记沈老太太》①以深深地怀念她。

其四,关于祖父的突然长逝。对于祖父,父亲有一段总结性的评价:"他在年轻的时候,只晓得任性所之,求个人的享乐,任何日后的问题都不在他的思考之内,所以家庭可以不要,儿女可以不要,但等到一入暮年,就走上了一般老年人同样的道路。对于儿女也稍稍关怀起来了,而且还常常谈到自己身后问题,尤其对于我的迟不结婚表示甚大的关心。前年我的终于结婚使他甚为愉快。可惜当建儿生后的第七天,他还没接着我们报告的时候,就突然长逝了,到底没曾望到获得孙儿的喜讯,这真是遗憾无穷吧!"②

即使,平日里他对祖父有不满情绪,然而,"人死为大",理应赶回家乡乌镇办丧事的。然而,当时的特殊情况:一是"那时家乡业已陷落,自己设誓不履沦亡之区"。父亲身处"孤岛"处于这样的心情,一旦租界被冲破,陷入敌手,他即刻带领全家三口,离开上海投奔新四军。他是这样想,也是这样做的。当初时局紧张时,叔叔从家乡来到上海,祖父不愿跟随,后逃离沦陷下的家乡,没隔多久噩耗便传来,父亲措手不及。二是

---

① 孔另境:《一位作家的母亲——记沈老太太》,载《庸园新集》,上海文艺出版社2006年版,第184页。

② 孔另境:《一幅放恣的面影——为父亲的周年祭作》,载《庸园新集》,上海文艺出版社2006年版,第169页。

经济重压之下无力回乡办理丧事。刚刚迎接了一个新生命,已经举债度日,使其"不胜狼狈,幸得人助,始勉强过度"。再要付出重金办理丧事,更是不胜负担,所以他和胞弟令杰商量之下,决定丧事托族人代为措置。

作出这个决定,据日记中说,此等大事他与沈老太太商量过。老太太处世的理智使父亲静下心来,他们分析:"现在时局如此,我辈前往恐多不便,幸一切寿器早已齐全,谅所费无几,一切只得权宜办理,俟时局平靖后补办一切。此意令杰亦以为然,乃函告不能前往,嘱族中人代为料理,所费几何由镇中泰兴昌纸号代垫。"

无奈之下,父亲做了两件事:"一面即函告新疆之三姐,一面我等即在上海报丧。翌日以存杰弟处小照,放大后悬挂壁间,俾常留忆念。"父亲感慨:"回忆我父一生,碌碌殊无建树,祖遗之一份偌大家产,为渠破败无余,至垂暮之年,竟至如此凄凉,可慨可叹!"

那年,游离于生死之间的大事,令父亲急喘不已。"孤岛"的现实,文化人的精神,经济的重担,如此可见一斑。

关于沈老太太突然在家乡逝世的消息,父亲是1940年4月20日傍晚得知的。这时,茅盾一家远在新疆,因为平日父亲和她相当接近,所以,对老太太的情况很关心。老太太自从战事以来一向避居上海,回到家乡还不过是近二十天前的事情,想不到转眼之间竟会无疾而终。

根据来人的报告,沈老太太的去世确乎非常突然。4月17日早上,她起身以后还是照常去赏鉴她自己手植的许多花卉。

上午身体微感不适,下午就请医生诊视,也未发现重要症状,及晚,稍发热,至十一时忽觉口渴,服侍的人乃奉以开水,不意一口喝下,顿时气绝了。终年65岁,在当年算是高龄了。

　　茅盾的母亲陈爱珠,出生在一个诗礼望族,她知书达礼,平日家事而外,就以看书作为唯一的消遣。但是,她的个性异常倔强,观察事物的眼光也较常人远大和锐利。自丈夫去世以后,她就负担了支撑这个家庭的责任,她把丈夫剩下来的极有限的财产,几乎是全部地供给了她的两个儿子去受教育。那个时候,在这个小镇上还没有出外求学的人,然而她偏偏把她的儿子们送到外埠去读书,等到他们中学毕业以后,还把他们送上了大学去,这在镇上不但是破天荒的举动,有些人还认为是不可解的荒谬举动。她不管人家背后的议论,她也不理族中人的劝阻,这种大胆的作为,简直可说是镇上的第一人。听说当她的儿子们寒暑假回家来的时候,一方面督责他们温习功课,同时又烦琐地告诉他们家计的情形。她的意思是要她的儿子了解家庭经济的状况,使他们更能刻苦自勉。等到茅盾在北京大学三年预科毕业的时候,她觉得实在支持不下去了,于是只好命她的大儿子——茅盾——休学就业,这样茅盾就进了商务印书馆当小编辑,每月获得二十四元的收入;茅盾的弟弟沈泽民,则仍在南京河海工程学校求学。

　　父亲平日喜欢告诉我们一些有关沈老太太的事情。他说,因为战事,老太太从家乡到上海来了,最初寄居在一位族人的家里,后来因为感觉不便,就另外租住了一处,雇了一位女仆,帮她煮饭。但不久因感到费用太大解雇了女仆,这样就剩了她一个人孤独地关在一间房间里。父亲因为觉得她太寂寞了，就经常去探望她，她也希望父亲常去看看她，每次去的时候，她显得很兴奋的样子，和父亲谈着许多政治问题。以父亲对她的了解，他说："这位老太太不但对于政治问题感觉得兴趣而已，而且她老人家的政治观点还是非常前进的，这大概多半是受了儿辈的影响，不过也不尽然是这个缘故，当她年轻的时候，就是一位有才干、有识见、知书识字的女子。两个儿子很听母亲的话，诸如长子的婚姻，儿媳的缠足，就学，等等。"

父亲亲眼所见，她平日里每日必读报纸，而且看得非常仔细，十年如一日，像这次避难来沪，一个人租了一间房子以后，第一桩事情就是订阅一份日报。父亲每次去看她，总见她正捧着一份报纸，带着她的老花眼镜勉力地在看。一见父亲走进她的房间，连忙放下了报纸和他谈起时事问题来了，从国内谈到国外，有感想也有议论，甚至还评论到报纸的态度。有时碰到实在不能理解的问题，她会留着等父亲去时提出来讨论，往往她的见解十分正确，使父亲暗暗佩服不已。她对时事问题的热心，正可见她的思想之不凡。她每次和我父亲见面的时候，几乎很少谈到人事杂务，差不多一直在讨论政治或社会的问题。她这次来沪以后，问父亲要书看，父亲给了她两本《西行漫记》和一本《中国的新生》，她看了非常高兴，她认为《西行漫记》是她所读的书本中最有意义、最让她有兴趣的一本书，她说从这本书中晓得了许多从前所不知道的事情。她大概看得很仔细，后来向父亲提问了许多书中的琐事，看完后又要她的几位堂侄去看，她说一个青年不看这种书实在是很可惜的事情。

父亲对她的敬佩还在于她对于儿子参加革命工作的态度，这是有着生命危险的工作，然而老太太对此从未有过半句劝阻的话，她衷心地赞同他们这种为被压迫者争自由的运动，常常会有意无意地给他们许多的助力。她还与那些革命领导者几乎都熟悉。后来沈泽民被派往鄂豫边区工作，在那边担负着领导的任务，但是那里气候和水土环境恶劣，外边进去的人常要得一种脚肿的病。这病非常危险，泽民不幸染到了，同在那里工作的成仿吾也染到了，他们两人都病得非常厉害，那时许多人劝他们到上海来医治，可是那时的处境十分险恶，若失去领导会使整个局面受到挫折，泽民因此坚决拒绝离开，一面促成仿吾来上海就医，不意成仿吾刚抵沪上，泽民就在那边病死了。这消息得到的时候，起初连茅盾也不给知道，以后就一直瞒住老太太，但不久不知怎么给她知道了，据说她也并没有如何了不得的悲痛，父亲因为怕她伤心，所以从不愿和她谈起，但是有一次她倒和父亲说起来了：

"像泽民那样的死，我倒也没有觉得怎样难过，他总算做了一点对大家有好处的事情了，不过死得太早一点。他本来还可多做出一点事情来的。这次从俄国回来，我连见也没有见到他，就被他们派到了那边去，算来有十多年不曾见过了……"

说着，一边慢慢从她怀里掏出一只黑壳的挂表来，是用一只绒线结的袋子包裹着的，指着这黑挂表对父亲说：

"这表就是老二（按即指泽民）买给我的，还是他没有出国的时候买来给我的，好像是十九块钱，到现在也已经十多年了！……"①

她说这几句话时虽然不免流露很感伤的样子，但比起一般老太太的一把眼泪一把鼻涕的逢人哭诉，已可见她是蕴藏着何等坚强！

父亲始终体会到沈老太太"是一位个性倔强的人物，而且仿佛还有点近乎冷酷，所以一般和她接触的人，常会感觉得一种冷峻的压抑，然而我们知道这一点正是她的不可及处"。她的个性倔强，态度谨严，又是一位理智极强的人。她的这个个性多少传递给了他的儿子，茅盾曾说，"自从离开家庭进入社会以来，我逐渐养成了这样一个习惯，遇事好寻根究底，好独立思考，不愿随声附和。"②家庭的影响可见一斑。

父亲遗憾的是，没有尽可能地挽留她在上海，要是沈老太太仍在上海的话，相信即使发生急病也一定会有急救的办法。而况她近时的精神并不见坏，她是日夜在盼望抗战早日胜利，中国之早日获得解放，这不但是她平素的思想和观念，而且也是为着早日得和她的儿子孙子团聚！

父亲眼中的姐夫茅盾

父亲写过三篇有关茅盾的文章，他并不想沾姐夫的光，以炫耀他们之间的亲戚关系。同住上海的时候，不会写吹捧文章，

---

① 孔另境：《一位作家的母亲》，载《庸园新集》，上海文艺出版社2006年版，第184页。

② 茅盾：《我走过的道路》（中），上海文艺出版社1981年版，第1页。

写了可能还会被骂。虽然他一直在协助茅盾做些事情，以及协调他与青年作家们的沟通。写这三篇文章缘于抗战离散中的思念。对他的姐姐、姐夫的思念。1944年父亲曾写过一篇《怀茅盾》，那时，十四年抗战尚未结束，茅盾一家在离乱中生活，甚至远赴新疆，通讯极为不便，许多关心茅盾行踪的人，知道他们的亲戚关系，还断续地维持着书信的往还，希望他能执笔记叙一下这位文坛名人，以释人们对他的牵挂。所以，父亲写了这篇他眼中的茅盾，除了介绍他的经历，也透出他对茅盾的评价。茅盾是他的亲戚，他的老师，也是他的人生导师。

他介绍茅盾"祖上也是书香门第，到他父亲的时候，才改业儒医，可是不幸他早岁就丧失了父亲，只剩他的寡母和一位胞弟，家产既非富裕，那生活的情形就可想而知了。茅盾之能从小学读到大学，茅盾之能在文坛上出人头地，半得力于他的母亲的教诲和影响。"

父亲认识茅盾就在他大学预科毕业，回家完娶，接着就进商务印书馆工作。父亲说道："茅盾进商务以后，就把家庭接到了上海来住，老太太也同了来，租的是宝山路鸿兴坊一幢带过街楼的房子。不久，茅盾就担任了《小说月报》的编辑，不久又和几位文艺同好者组织文学研究会，那时他又秘密地参加了政治活动，他的家也搬在商务的贴邻顺泰里。"

"我那时在上海大学读书，茅盾也是该校中国文学系的教师。他教的是'小说研究'和'神话研究'。每天一早他和我同着步行赴校（那时我是寄居在他家里，'上大'是在闸北青云路），上完课他就到商务去办公。"

父亲认为:"茅盾的口才不及他文章的流利,所以他的教课并没有教得怎样出色,那时学生中比较和他接近的有施蛰存和戴望舒,他们经常到他家来谈天或讨教问题。"

一九二五年上海发生五卅事件,茅盾是参加活动的。这运动的大本营是上海大学的教师和学生。但不久就受到了压迫,茅盾也受官厅的注意,那时广州国民政府已经成立了,同时国民革命军正预备出师北伐,茅盾也于此时离沪赴粤,担任国民党中央执行委员会宣传部的秘书,部长是汪精卫,后来代理部长是毛泽东。一九二六年三月二十日中山舰事件发生,茅盾就在事件的第二天离广州回到上海,他在上海是担任着国民通讯社(是国民党的通讯社)的主编。到一九二七年初(或一九二六年冬)他和他的夫人到了武昌,住在省议会旁边的一所房子里,和他们同住的还有李达,那时他似乎没有担任什么工作,不久之后,他们搬到汉口《民国日报》馆里去,他担任了该报的主笔。

是年七月又被"欢送"回到了上海。

他在离开汉口以后先在牯岭住了一下,那时时局动荡不定,他似乎也还没有决定行止,后来时局急转直下,他既不想跋涉南行,于是只好东下一途。他那时的意志仿佛有些消沉,他似乎已厌弃了政治的文化生涯,而愿意专心于文艺的本位工作了。

就在那时——在牯岭时代——他开始了创作的活动,他开始写他的三部曲之一的《幻灭》。

上海的空气压抑得他不能呼吸,他于是东渡赴日,他写了《从牯岭到东京》,满纸充满着感伤的气氛,然而他是遗传了他母亲的倔强的意志的,所以他虽感伤但不消极,他不管人家的谩骂,继续埋头写出他的《动摇》和《追求》。在日本大约住一两年,又回到了上海,那时他仿佛已经得到易地疗养的功效,他又毅然地走向了乐观的道路上来,他写了许多的短篇小说如《春蚕》《秋收》及未完的长篇《虹》。

他又参加了左翼文艺运动的指导部,和鲁迅先生同负了伟大而繁重的任务。

他从此到"八一三"战事发生为止,一直在半公开的活动中,但他所活动的只限于文艺的部门,一方面他又不忘记一个文艺家本位的工作,他写出了许多的短篇中篇和长篇,《子夜》就是那时的产品。

之后战事发生了,他的创作活动也停顿了起来,战事西移以后就率领全家(妻子和一女一男)南走香港,他在港为《立报》编副刊,并替生活书店主编《文艺阵地》。

他又到过一次新疆,在新疆学院任文学院长,不久,该省政治变动,杜重远被捕,他和他的夫人回到了桂林,最近两年则定居在重庆,并未离开

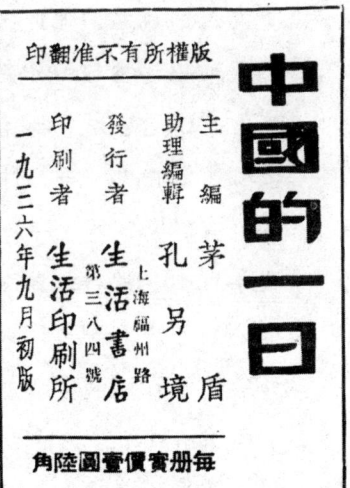

《中国的一日》版权页

过一步。

据说他已写好了一个长篇,题名《霜叶红于二月花》,我们在此地无法看到这书的内容。(《怀茅盾》)[1]

父亲敬佩他的姐夫茅盾先生,很大程度在于茅盾的理智和学识。他认为:茅盾是一位理智胜于情感的人,所以他能理智地分析现象,把握事实,他应付一切生活的遭遇几乎是不大动感情的,但这并不是说他没有感情,他也具备一个文艺家所必须具备的热烈丰富的情怀,不过他不是外烁而是内蕴罢了,否则他是写不出这许多有血有肉的著作来的。

茅盾的学识相当丰富,他不但于自己本位的知识有深湛的研究,他还对于社会科学下过一番研究的工夫,他懂得历史发展的轨路,他能把握住前进的方向,他之所以能够在文艺运动中起领导的作用,一半就得力于他从社会科学研究而来的前途思想和意识。

茅盾在文艺领域中的理解也非常广泛,他对中国的旧学问也有研究,他注释过《庄子》《墨子》等书。同时他对西洋文学也十分爱好,他在未去日本以前,他的工作成绩几乎全部是翻译,他译过许多的外国作家的文艺理论和作品,而且译笔异常地流利生动,几乎看不出是译品。他后来创作的所以能一举成功,我怕一半是得力于他长期从事翻译的修养。

茅盾不愧是一位多才多艺的作家。在这次战事中他又走

---

[1] 孔另境:《怀茅盾》,载《庸园新集》,上海文艺出版社2006年版,第216页。

遍了半个中国,增广了许许多多实地的见闻,这是任何作家所不及的幸运,但愿他永享健康,定卜他年吐给中国文坛以无限的光辉。①

1946年初,茅盾写了一部剧本《清明前后》,这是他的处女剧本,也是唯一的。父亲的评论是:

> 茅盾是写长篇的圣手,只要看他的三部曲和《子夜》,魄力雄伟,结构严密,可以媲美国际的成功作家。这次他受了朋友的鼓励,试写剧作,自然是一件可喜的事情。我们读完了这一册《清明前后》,首先有两个直觉的观念发生:一个是,这剧本的内容实在是《子夜》的续篇,太相像了,两者都是给时代作了一个侧面的记录,《子夜》是中国民族工业家的失败史,《清明前后》也是中国民族工业家的失败史;前者受金融资本的压迫而失败,后者受官僚资本的压迫而失败;《子夜》中的吴荪甫,因抗战而把厂内迁,就成了《清明前后》中更新机器厂的厂长林永清。另一个直觉的观念是,这剧本其实等于是小说,他只不过把对话特别提了出来,加多了一点吧了。这意思并不是说,这剧本写得不好,只不过从形式上看去,作者对于每一个出场人物的细腻的介绍,对于每一个小动作都加以注解,实在还脱不了写小说的手法。所以我相信:读这个剧本一定要比看这个剧本的演出来得更有兴味,更有印象。②

---

① 孔另境:《怀茅盾》,载《庸园新集》,上海文艺出版社2006年版,第216页。
② 孔另境:《茅盾的〈清明前后〉》,载《庸园新集》,上海文艺出版社2006年版,第144页。

这是一篇书评。父亲的文字以干净为长。李霁野先生曾说："若君的散文朴实率直，写人物并不夸张，无溢美之词，亦不为亲者讳，这是很难得的。"（《我的记忆·序》）

第三篇是写于 1946 年 12 月 5 日的《茅盾出国记》。①

抗战结束，茅盾和夫人从香港回到上海定居，写信要内弟找房子，办家具。父亲很高兴，分别八年终于姐弟团聚了，为此，父亲操办了一切。他怎么做到的呢？主要靠他的一个老朋友——欧阳翠。

女作家欧阳翠在《怀念孔另境》中介绍当时的情况：

> 我和孔另境是老朋友，也是他全家的老朋友。大约 1945 年吧，朋友介绍我认识他。第一次见面是在南京大戏院门口，那一天是他创作的剧本《凤还巢》演出的日子。我知道他当时被日本鬼子逮捕过四十几天，刚刚放出来，他在狱中受尽了残酷的迫害，被灌过辣椒水、坐过老虎凳、上过电刑，出狱之后没有住处、没有工作，一家老小生活非常艰苦。那次演出，是朋友们为了解决他困难，专门演了这场话剧的。我就是从那天起认识了他。
>
> 我和他一家人很有缘分的，他搬到虹口虬江路的日本人撤退以后的一个仓库的房子里，非常简陋的一个房子；我那时住在虹口山阴路大陆新村，因为两家距离比较近，所以来往就比较频繁了。

---

① 孔另境：《茅盾出国记》，载《庸园新集》，上海文艺出版社 2006 年版，第 290 页。

1946年，茅盾夫妇从香港来到上海，在这之前呢，孔另境曾和我商量过，要为他们安排住房，他说上海房子顶费很大。当时我在大陆新村的住房比较宽敞，因此我同意把二楼让给茅盾他们。并说明不需任何费用，接着另境为他们买了一套日本式的旧家具。不久我又和孔另境把茅盾全家从码头上接回来，我们在一家饭店里为茅盾夫妇接风，这样我就认识了茅盾夫妇。茅盾夫人孔德沚是孔另境的姐姐，这以后呢，我又认识了他的弟弟孔令杰。他是一个姐姐、一个弟弟。他弟弟和我一起编过《少年世界》，所以他的一家人都和我有不同程度的来往。

　　茅盾住在我这里以后，孔另境经常到大陆新村来，茅盾所有的事情他都抢着干。抗战时期茅盾在外地的时候，所有出版的书、校样、稿费一切事情都是由孔另境代办的，所以茅盾来了以后，他是跑得很勤快的，经常到大陆新村来。当时茅盾夫妇住在二楼，我住在三楼，他也经常到我家来。他对人特别的热情，我到他家去了以后，我就走不了，当时他很清贫，家里根本就没有什么家具的，但是他非要留你吃饭，那个时候他住的仓库里，一个用木板钉的很简单的桌子，就是他日常用来吃饭的，每次在他家吃饭，他都烧很多很多的菜，硬要留你下来。你享受的不仅仅是热气腾腾的饭菜，还有是他极端热情的招待，和对朋友无微不至的关怀。

　　茅盾住在我那边的时候，我们参加了很多的活动，那个时候戏剧学院是在横滨桥那里，熊佛西是院长，学院经常演出节目，茅盾、孔另境、我们都去观看。大家接触就更频繁了。

后来他帮茅盾联系了出版的事情,"大地丛书"出了洪深和茅盾的作品。孔另境他一向不计较个人的得失,从大后方回来的许多作家都很清苦,他就为他们安排这个、安排那个,他把他们的稿子送去发表以后,他又到出版社去为他们交涉,要求能早点把稿费发出去,他不为自己,而是千方百计为朋友解决困难,这是他很大的一个优点。孔另境自己很苦、很穷,但是我从来没有听到他叫过苦,他的精神一直很饱满,你有什么事情的话,凡是外地有些作家要见茅盾都是要去找他的,因为茅盾那时住处并没有公开,所以很多事情都要通过孔另境才能联系到茅盾。也很忙的,他忙来忙去都是为了别人。解放前夕,茅盾跟郭沫若先生在地下党的通知下先到香港去了,然后孔德沚跟于立群也去了,在那段日子里,我们见面的机会比较少了,但是孔另境还是非常关心我的。那个时候白色恐怖笼罩着上海。……①

姑父和姑妈从 1946 年 5 月到 1947 年年底住在大陆新村的这栋房子里,也是他们在上海最后的一个居住的地方。现在这幢房子的前门,挂着"茅盾故居"的牌子。

当时,父亲在《改造日报》报社工作,请他们社的日本摄影师来大陆新村为家人拍照。留下了许多珍贵的镜头,如我们全家与姑父姑妈的合影,姑妈和母亲的合影,以及父母亲牵着我和哥哥,走在大陆新村茅盾寓所前门的合影等。

---

① 欧阳翠:《怀念孔另境》,载《孔另境先生纪念文集》,上海文艺出版社 2014 年版,第 33 页。

他们定居后不久，茅盾应苏联对外文化协会之邀，赴苏联作了一次观光，从办理护照开始，到乘上斯摩尔尼号轮船离沪为止，前后共有两个多月时间。父亲知悉这两个多月时光他们准备的全过程，由他来记录是最为合适的。《茅盾出国记》成了茅盾此行的独家报道。父亲详细而客观的文风，没有溢美之辞，没有夸大颂扬，这些都是难能可贵的。

1946年在大陆新村姑父家合影

左起：父亲、小海珠、小建英、姑妈、母亲、姑父

秘密校印《文艺阵地》

　　上海"孤岛"时期，父亲协助茅盾、楼适夷主编《文艺阵地》，

在上海半秘密的状态下，负责编校印务等工作。为有效地将茅盾在抗战时期主编的大型刊物向全国传播，起到了重要而安全的作用。关于这段时间里他与茅盾的大量书信，已经编印在《茅盾全集》的"书信卷"里。笔者也曾撰写《茅盾书简七封》《楼适夷与〈文艺阵地〉》做介绍。这段时间里，1939年父亲和郑振铎、王任叔主编"大时代文艺丛书"11种。他参加《鲁迅风》的创办，任经理，并参与发表《我们对于"鲁迅风"杂文问题的意见》等。地下党员蒋天佐曾说，"孔另境对我们很亲切，帮助任叔做了不少工作。除了沟通我们与茅盾同志的联系外，对一批作家有很好的影响。"

《文艺阵地》的编辑、印刷、发行情况极为复杂，它是现代中国非常时期出版史上的奇迹；也是抗战时期，生存寿命最长、影响最广、内容上乘、最受读者欢迎的全国性重要的文艺刊物之一。

在主编茅盾的背后，有着多少人的艰辛耕耘，他们无怨无悔、默默奉献、守望相助，演绎一曲抗战文艺的同心歌。楼适夷是其中出色的一位。父亲孔另境的助编之功也是很可贵的。

当年，孔另境继配合其姐夫茅盾主编《文艺阵地》的工作之后，继续与楼适夷合作，在"孤岛"上海演绎着出版史上的奇迹，创造了一个艰难困苦条件下两地合作办刊的先例。由于是异地印务，他们留下不少墨迹书信，主要谈及编辑事务。遂使茅盾在回忆录中提了一下（据韦韬告知，没有这二十多封给我父亲的信留存，茅盾已经忘记），总算茅盾说了一句"这事，换作别人是做不来的"公道话。而楼适夷在回忆中，没有来得及提一下"孔另境协助了他"的工作。这些都不足为怪的，因为"为他人作嫁衣"本来就不足道，何况时间久了，有些史实就会被湮没。

茅盾主编出奇招。抗战初期，茅盾先到汉口，这时，生活书店总部已从上海迁到这里。他去生活书店，见到了徐伯昕和邹韬奋。三人商量后，决定编一本综合性文艺刊物，取名《文艺阵地》，半月出一期。但因估计到武汉不能久守，且在武汉刊行的杂志又多，而华南则尚无文艺刊物，因此决定《文艺阵地》在广州编辑、出版。

在武汉，茅盾去八路军办事处拜访过董必武，董知道他有编《文艺阵地》的打算后，便介绍吴奚如帮助他组织稿件。茅盾听说楼适夷在新华日报社工作，也找他约稿，并请他为《文艺阵地》多组织一些稿件。工作进行得似乎很顺利，1938年2月21日，茅盾携家眷登上南下的火车，张天翼赶到车站送行，并且交给他一篇为《文艺阵地》写的小说《华威先生》。所以，抵达广州后，茅盾全家先住在爱群大酒店，他即着手编辑起《文艺阵地》的稿子。这时，他又应萨空了的请求，答应同时为香港的《立报》编辑副刊《言林》。考虑到香港相对安全，同时，可以在香港把《文艺阵地》编好，寄到广州排印，因为茅盾只是负责编辑，印刷发行都由生活书店负责，而且，如果有事情要去广州，坐火车两个多小时也就到了。于是，他们举家又迁居香港。

由于茅盾的认真，当他把《文艺阵地》创刊号的最后一批稿子发往广州后，得知广州的印刷条件很差，简直不能跟上海

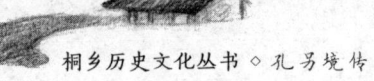

相比，实在放心不下，原本不该由他负责印刷事务，他决定亲自去看一看排印情况。不料，印刷厂的校样拿来，他发现几乎满篇错字。排字技术差，工人手脚也慢；字体不全，许多字要靠手工刻，字行间不用铅条而是用竹条，排出来的版面很难看。广州的印刷条件竟如此之糟，茅盾本来打算在广州住两三天，结果却待了一个星期，天天在印刷厂里校改错字。正如他自己说："每个没有错误的铅字，都是自己奋斗的结果。"这样，无疑增加了茅盾许多工作量。面对刊物排印工作的困难重重，茅盾于是和生活书店商量，是否移到香港出版。生活书店同意了，却又遇到了麻烦：香港政府怕得罪日本人，规定刊物上不准用"敌"字，连"彼此敌对""同仇敌忾"也不准使用，"敌"一律用"×"代替。还有"奸淫掳掠"等二十多个词句也禁止使用。这样一来，刊物上满页××，那怎么行！于是他把目光转向"孤岛"上海。经过与生活书店广州、香港、上海三个分店的磋商，他们决定把《文艺阵地》移到上海秘密排印，然后再把印好的刊物运到香港，转发内地和南洋。由于茅盾不能亲自去上海发稿和看校样，他就写信给留在"孤岛"的妻弟孔另境，请他帮助编排校对。

这样的"奇招"只有生活书店可以应允。因为可以充分利用生活书店在全国的发行渠道、人员的频繁往返之便，或由沪港之间的往来人士任"交通"，等等。但是，运作起来谈何容易？刊物出版是有时间限制的，而且，编、排、校、印、运每个环节都不能出错，它们之间的衔接要及时，起用的人员当然又要懂业务，还要肯吃苦，更要有认真负责的态度和勤于报告、多方联络的热情。这样才便于茅盾"遥控指挥"。

父亲孔另境曾协助茅盾编选《中国的一日》，由生活书店出版。韬奋在致孔另境信中称"先生襄助茅盾先生编辑《中国的一日》，劳贤殊深敬念"。对其工作态度和劳绩十分肯定，是可以信任和担当这重要工作的。于是，从第四期起，茅盾把编好的稿子由生活书店托人带往上海，然后写信"指挥"孔另境编排。这些，可以从现存在《茅盾全集》第36卷"书信"一集中致孔另境的23封信中了解当时的一些编校情况。

上面这些还只是技术层面上的考虑。上海的"孤岛"环境，使抗日宣传活动受到干涉，租界当局又有限制，排印和运输《文艺阵地》只能秘密进行，其中的风险是不言而喻的。

茅盾说："上海的印刷技术是全国第一，我不必担心排版的错漏，但处理版面的临时变动和看清样，总得有一个人代我来做，而且还要是我熟悉的信得过的人。这时我又想到了另境。……另境在帮我编校《文艺阵地》的五个月中，还是很辛苦的，换个别人，恐怕还弄不成。"

当然，作为助手的父亲孔另境在茅盾细致的指挥下也学到了不少。这从茅盾致孔另境的信件中可以了解当时办刊"奇招"的情况。首先，茅盾已不仅只做分内的编辑工作，还兼及发行，关心货运；其次，希望助手孔另境不仅任编校，还代约稿件，甚至为刊物在上海的销路出大力气。（史料上有一种的讲法：《文艺阵地》在上海印好后全数秘密运出，上海本地不发行；上海看到的刊物是运到香港后再返回沪上发行的。这种讲法，从茅盾下面这封信中所述，可探究再议。其次，从这封信可见，当时，

全国各地发行的《文艺阵地》等刊物,采取了就地"翻印再发"的办法很有效。)下面是茅盾给父亲孔另境的一封信:

若君:

　　信收到,一期十九日也到了。但因华南战事既作,两广各地货运不通,无法运出。目下此间只能发往云南及南洋,为数不多。华中华北本由汉口翻印再发,然迄至现今,汉口仅翻印至六期,而印数亦不多,仅汉口长沙可见,重庆、成都、西北各地,至今未见四、五等期。今两广又受影响,以后能否继续出版,殊成问题。盖销路太小,亦觉乏味,而稿件来源亦将稀少,因内地交通,日益困难也。现在惟有出一期算一期,随时可以停刊。上海方面销路如何?倘能在上海销去四、五千,则尚有可为,否则化偌大力气,只有香港、云南、南洋三地可去,余地皆得不到书,亦太无谓也。

　　今日广州已去,汉口退出度为亦不久之事。交通困难,书业受影响最大,出书计划,由大而小,由小而无。你想编什么书,目下是谈不到的。

　　此间情势将日趋严紧,盖广州既失,此间真成了"孤岛",英帝国对日大概只有更恭顺,反日分子在此愈难立足。而生活程度之高涨,亦使人不能再久居。我们还是想到内地去,大概一月后即可决定。倘去,则将往西北耳。匆复即颂

　　日祺

　　　　　　　　　　　　　　　　　　　玄

　　　　　　　　　　　　〔一九三八年〕十月二十二日

钱君匋设计《文艺阵地》封面　　茅盾致孔另境（若君）信手迹

此信写于广州沦陷的第二天，茅盾（玄）决心离开香港"往西北"。这时，他对刊物的生存未可乐观，依他信中的分析，"以后能否继续出版，殊成问题"，"惟有出一期算一期，随时可以停刊"。在这样的情况下，《文艺阵地》二卷六期（1939年1月1日出版）的"编后记"中有一个交代："附带要报告一句，本刊编辑人茅盾即将到内地旅行，编务暂由楼适夷代理。"这样的"代理"说法也就顺理成章了。

茅盾离开香港前，《文艺阵地》共出版了18期，为时十个多月。也就是说，父亲与茅盾合作了十个多月。

再说楼适夷，1938年10月广州沦陷，当他逃出虎口，千辛万苦地辗转来到香港，其他事做不成，开始了协助茅盾编辑《文艺阵地》的工作，并继茅盾之后任代理主编。

楼适夷代理主编《文艺阵地》的阶段，是他施展编辑才华的重要阶段，因为，他遇到的不是一般的困难，不是一般的考验，而是处在非常特殊的战争环境中，在香港这块"孤岛"，和上海这块"孤岛"之间牵起的一根丝带，随时都有断裂的危险，然而，他们坚持了下来，不能不说是个奇迹。从笔者发现当年楼适夷给先父孔另境的信件中，有四封是非常具体地商谈有关《文艺阵地》的编务、印务、发行等工作的情况。这些信件留存于世，弥足珍贵。为我们了解当时办刊的艰辛和曲折困难，提供了真实可信的史实依据，同时也向我们展示了这位代理主编心路历程的一角。

楼适夷从1939年1月16日出版的二卷七期起，独立担任起代理主编的工作。之前的二三期，茅盾请楼适夷协助工作时，有让其熟悉业务和交接工作的意思。当茅盾的行期已定，这才向他说明打算去新疆一行。在茅盾心里"此去情况如何，尚难预料，也许很快就回来"，所以，编辑方针等都按原来的样子。而生活书店也同意由楼代理，而排版、校对、印刷等仍如前进行，这样楼适夷继茅盾之后与上海的孔另境继续合作。

笔者找到楼适夷写于1940年4月16日的《记〈文阵〉二年》，较为详细地谈及当时他对编刊的感受。他说：

"当他们送茅盾一家上了开赴海防的轮船之后，我就茫然打开了他的稿包。我有四年与人世隔绝的生活，对于文坛新起健作之士，都非常生疏，而熟悉的友人又都散在四方，在香港甚至连可以倾心相谈的人，也一个没有，我更觉得自己过去在文艺上的一些半吊子的失败的工作，也更不足来主持一个全国领导性的文艺刊物。但不顾这一切，因为各方面的继续不断的热情的支助,没有一个刊物会有《文阵》那样拥挤的来稿,我就完全依赖着这些来稿,一期一期的很顺利的编了下去。"

果真如他上面所说,一期一期地很顺利地、快乐地编了下去么?我相信最初阶段的"坐享其成"是真的,毕竟要支撑近两年实实在在的编辑工作,即使想"坐享其成",也不是那么容易了。

在《文艺阵地》已出满了二十四期、整整一年的时候,其中,楼适夷接编也有三个月,共出版了六期。他说:"回顾这一年间辛苦跋涉过来的长道,自有一种难言的喜悦。但抬起头来瞻望无涯的前途,真不知还有多少艰苦的路程要我们奋勇迈进;尤其是在这时候,把《文阵》抚育成长的茅盾先生远征西疆,音讯杳然,更使人觉得战栗。但我们有着无数热爱这小小刊物的读者,无数为文艺苦斗的战士,一定会帮助它,使它成长,使它健全起来。这是一周年中最后一期的编者的衷心的瞩望。"进而他坦陈对下一年的打算:

"在没有得到茅盾先生的直接指示以前,下一年的《文阵》,仍不准备有任何的更变。我们在编辑方面想努力做到的依然是集中全国优秀作家的最新劳作。多多介绍新的文艺战士。探讨抗战文艺运动中的一切问题,建立新的现实主义文学的理论基础。以及尽量反映全国各地文艺运动作家活动的状态。"

楼适夷急切期待得到直接的指示,当"新的一卷又开始了,因为还没有接到茅盾先生的直接的指示,(我们还没有得到过到迪化后的他的来信!)我们除了把这一期特别增加一点篇幅以外,并没有编制上的更动"。

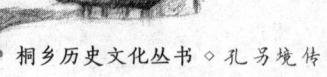

要知道,那时,香港与新疆的邮路往往需走三个多月,如果从欧洲转邮要比由国内走来得更快一些。茅盾全家的此番万里远行,从香港动身后,先坐船至越南海防,走滇越路,盘山而行到昆明、兰州各住了段日子,再飞哈密,坐汽车至迪化。他尚在行程中,根本看不到《文阵》,做不了直接的指示,更收不到楼适夷的信件。这时的楼适夷完全处于独立主持刊物的阶段。

与楼适夷继续合作

笔者发现当年楼适夷给先父孔另境的四封信件,每页信纸上都写得满满当当。从近三千字的亲笔文字中得知,主编除了交代琐碎的编务,协调出版、人事关系乃至通信等情形,工作开展得并非这么顺当,甚至因为"不被重视",恼火到很生气的地步;因为稿件被扣又需急于调整刊期等,这些在他的回忆文章中也少有提及。上面说过,楼适夷自述中,谈及他与《文艺阵地》的内容很少,这四封信件无疑是这段经历重要的补充和诠释。这四封信分别写于1939年2月15日、一封未具日期、3月18日、4月4日,现披露第一封信件全文:

另境兄:

二月六日的信,收到已数日,因等待八期来,不料昨始运到。八期延误,还应归咎于我交稿之脱期,但不知九期会不会连带受影响。九期稿是上月廿日交与生活,应早带沪,马尔洛照片，与人的希望一文有关，八期即来不及，也不必排入九期。十期又有一文谈马之作品，可将照片排入十期。十期稿是于五日交生活的，交出后觉我一书评颇不妥，又另写了一篇，又八日有友人赴沪，曾托带一信交远东给兄，谅已收到。十期内无一篇论文，如望道先生译稿交来，请排入，而将王西彦之小说抽去。

沪店可恶之处，我累次与此间分店及胡愈之说过，甚不得要领，现请愈之及仲华去函总店交涉。唯生活对《文阵》之不甚重视，在茅盾先生在港时也有感觉，如重广翻印，至今尚十二期，而全民抗战及读书月报在此翻印甚快，又如世知归生，均在此印，出版甚速。条件上的困难固属一端，对于文艺的不了解也是原因。其他刊物可以作政治资本，而文艺却只是赔本生意。其实《文阵》销路倒好了起来。兄与我同受茅盾先生重托，同时也深知《文阵》在今日之重要，无论如何要苦撑下去。最近准备与愈之仲华具体一谈，调整一切，同时计划编一小丛书。鲁风之文准备不久寄您，我现正计划着多写几篇文艺问题的短文，您关于上海文坛报告，如写好抽空排入可也，不必寄港多费周折了。介绍见陈君一信，即八日托友人传上者，谅已收到。司徒宗稿费，据查已由上海付出，收到否？

颛此　祝好！

南　　二月十五日

上面这封写于 2 月 15 日的信，讲的是二卷八期、九期的编务,即楼适夷刚接编不久。关于楼适夷与孔另境之间的合作情况,因为看到过楼适夷先生当年的几封信件,在1982年,去北京拜访楼适夷先生时,曾与他谈到信的事,当时,他也说父亲为编《文艺阵地》做了一些工作。回沪后,我在8月21日给楼适夷先生的信中说:

"这次在京见到您,聆听了不少教导,很荣幸。……谈及我父亲为编《文艺阵地》也做了一些工作,望您在撰稿时提及。您是当事人,比我们小辈清楚多了,也可信。"

他收信后,当即回了信,他说:

"《文艺阵地》在香港编,上海印,在上海发稿校订是另境同志负责的,后来我回上海,仍与你爸爸两人合作到40年秋。我写的《茅公与〈文艺阵地〉》好像是提了的,查一查,如漏提,出书时补。"

是的,他在《茅公与〈文艺阵地〉》中,是有一处提到,说他一度从广州跨海到九龙拜访了茅公,"那时《文艺阵地》早已不可能在轰炸中的广州印刷,而改为把编好的稿子秘密送到已所谓'孤岛'的上海去付印,请留在上海的孔另境同志帮助排校"。文中对于孔另境与他合作的情况并没有多加记述。"后来我回上海,仍与你爸爸两人合作到40年秋"。这情况,我是从这封信中才知晓的。其实我父亲生前也少有谈到此类事情。

从信一的内容可以了解:

一、沪港之间的信件和稿件往返相当频繁。现在仅仅发现楼适夷给孔另境的四封信,均写于在香港编《文艺阵地》的时候。

至于孔另境致茅盾或楼适夷的这方面信件现在一封也没有发现，很可能永远不存在了。这是很遗憾的。后来楼适夷到上海，仍与孔另境合作，这时的编务具体情况目前没有发现有信件保存下来，可能因为同在上海，不再需要用写信沟通信息，算是一个理由吧。

二、当时的编辑除了编刊之外，还需关心刊物的发行情况，正如茅盾主编时的状态。所以，还得协调与出版、发行部门的关系。楼适夷觉得"唯生活对《文阵》之不甚重视"，对其他社会科学类的刊物"在此翻印甚快""出版甚速"。有了比较之后，显然很不满意这些部门的态度。从而也看出楼适夷对刊物的重视和认真态度。

其实，从出版发行部门来说，生活书店的一些分店如此"厚此薄彼"，除了认为"文艺却只是赔本生意"，商业经营的操作行为占了主要的因素。客观地讲，这对一个庞大的出版机构的运作来说，"厚此薄彼"也是无可厚非的。面临刊物之间的竞争和压力，楼适夷遇到各方面的阻力不小。唯一感到欣慰的是，"其实《文阵》销路倒好了起来"。

三、楼适夷在得不到原主编的任何指示的情况下，无奈而感慨地对孔另境说："兄与我同受茅盾先生重托，同时也深知《文阵》在今日之重要，无论如何要苦撑下去。"代理主编的苦心可鉴。这样的表态内容，下面的信中也有多次表白。

说到茅盾的直接指示，直至茅盾离开《文艺阵地》八个月之后，楼适夷第一次接到他从新疆的来信，欣喜之余，代理主编将《寄自新疆》的通信，放在第三卷第十期的卷首。

这是茅盾在迪化（今乌鲁木齐）安顿下来，深深感到"自来此后，内地音讯，忽然隔绝，邮递之慢，殊出意外。而寄出之信，能否收到，又因种种原因，据言实无把握"。在这种情况下，他在"四月下旬或五月上旬，始接一月十五日及三月十五日来信，当即作复"。据茅盾信中说："……而兄于二月二日由欧洲转之信，则实未经由海外，仍从重庆辗转而来，而到达此间则反后于三月十五日之信一个多月也。至于兄所寄《文阵》，弟仅收到二卷七、八两期，但此两期似像由昆明转寄，非由香港直接也。"

在两地通信实在困难的情况下，即使原主编再想"遥空操作"，也没有这个条件。代理主编唯有"独力支撑"。

茅盾看到由楼适夷独立主编的刊物后"大喜过望"，他在这封信中评论道：

"……2卷7期至12期各册，弟略翻一过，尚未有时间卒读，然大体感得不坏。兄之努力支持，已得报偿。……最后关于《文阵》，甚望兄支持下去，编辑体例，照现在样子，就已不坏，似无改革之必要。短评则常有更妙。……

此间青年作者，寥寥无几，所作太公式主义的了，由于读书太少之故，且亦由于所读范围不广之故。……"

诚然，楼适夷遵循刊物的编辑体例，"照现在样子，就已不坏，似无改革之必要"，只需努力支持下去。然而始料不及的事总会发生。

其中之一，即刊物意外被扣。

信二，没有署日期，根据信件内容而排定。

若君兄：

六日、十七日的信都收到。八日有友人赴沪，托带一信到远东，因尊址地点较远，故带四马路，但远东换了招牌，不知能递到否。此信同时有一信致陈志皋先生，介兄往访捐款事。又信内附有SY之稿，也不知来得及编入"九期"（原则十期）否？新年我有一信寄尊寓，同时得生活告知，九期稿在厦门被扣，当时即托生活专带一信，请将十期改作九期，并附一紧急启事，声明事由。则稍稍脱期几天，也可得读者之谅。此信也交尊寓已收到否？但我在电车上被扒手扒去手册，一百多个地址都丢了，门牌号码，不知会不会写错？

从南洋从闽粤东江昆明各方来人来信所云，青年学生，对《文阵》都非常热烈，潮安一中学，每期购四十份，同时各地青年来稿也很多（不过大半都幼稚），均足令人兴奋，故无论何种困难，万望苦干下去，总求对得起沈先生对得起读者。现在差不多每期不多几天都卖光，但因运输困难，他们不肯多印。纸版带到重广非常困难，飞机人多，货运无期，我建议每期邮寄样本，重排翻印，如办得到再加七八千份是没有问题的。

胡先生因飞机票买不到，现在尚未走了，生活之事，他也感觉头痛，二月份起不干，往桂系经营大众读物事。对于上海方面，甘先生（港店经理）已专函陈锡龄君，嘱其于编务上勿加干预，以后或可较好。

大路第一期已出见到否？照片请交二马路美最时四楼405号郭少清转下，甚妥。蒙兄援助，深为感激。《鲁迅风》稿，

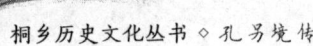

日内或可应命,存稿报告甚少,且无佳者,你看《文阵》中所编,即可知了。编丛刊有否向国内去征稿,外边是很少办法的。各方都向《文阵》拆货,而《文阵》实无货可拆。

十一期稿已编好,留一栏地位,请兄介绍上海刊物。三卷一期陈望道,郑振铎,王任叔三先生务请作稿,前二人我已去信,望兄催之,如有交来,不必寄港,由兄编入可也。乞兄为《文阵》专制一文,以增热闹。

又附《北方》一稿,十期空白中如尚无论文,即编入。否则,本期除去一文稿之一,排入为感。

建南上

看了上面这封信,笔者马上去查二卷九期,上面果然有一则"紧急启事"。启事说:

本刊二卷九期稿在付印中途,遭受意外损失,内计:《作品中的语言问题》(潘梓年)、《叫爸爸回来》(舛木人)、《南国的庶林》(阿仁)、《为和平而歌》(陈时)、《一个从扎萨克来的人》(刘白羽)、《东战场的别动队之八》(骆宾基)、《记一九三八年的日本文坛》(林焕平)、《县长》(一文)、《到天堂去》(雪湄)、《纳粹党员》(SY)、《米的故事》(温功义)、《可怜的一伙》(欧阳凡海)、《刘仲山搬兵》(王一士)、《到农村去》(木刻罗清桢)、《歼灭战,路袭》(木刻张慧)等,现除分别函请各作家补写外,即将十期之稿,作为九期,这种紧急处置办法,不得不请作者及读者原谅。

笔者之所以全文抄录"紧急启事",是想寻找这期稿件的所谓问题出在什么地方。据查询下面的卷期,发现有少数稿子不再露面,大都在以后的卷期中陆续刊出了,虽然,有的稿件甚至迟到第三卷五期才用上去,而潘梓年、陈时、刘白羽、王一士的这些文章在《文艺阵地》以后的卷期中再也查不到了,原稿也可能就此消失了,这是很可惜的。

这件事情给楼适夷留下很深的印象。他在晚年的回忆中也说:"从武汉沦陷以后,各地交通混乱,敌军封锁加紧,《文艺阵地》也逐渐增加了运转困难。我们通过港沪海轮上的工友,送到上海去付印的第二卷第九期的原稿,竟一下子被敌军扣留而全部损失了……使我们不得不一面急忙把准备在第十期用的稿子,提前改为第九期,一面向作者告急,希望有底稿的把底稿寄来,没有底稿的尽可能地补写和重写。"

有了上面这封信,证实稿子损失是"得生活告知,九期稿在厦门被扣",于是急信父亲孔另境"请将十期改作九期,并附一紧急启事,声明事由"。

这封给孔另境的信中还透露了许多讯息,如《文阵》受青年学生的欢迎,各地青年的来稿很多,刊物每期不多几天都卖光等等。考虑到"因运输困难,他们不肯多印。纸版带到重庆广州非常困难,飞机人多,货运无期,我建议每期邮寄样本,重排翻印,如办得到再加七八千份是没有问题的"。报告这些令人兴奋的消息,和他的"邮寄样本,重排翻印"的新设想,都是很可贵的。目的在于"故无论何种困难,万望苦干下去,总求对得起沈先生对得起读者"。

信三,写于 1939 年 3 月 18 日。

另境兄:

十二期稿系七日交出,收到否。十一日示悉。九期至昨天止未见到,兹去派人往问,不知已到否?兹附一信致陈锡麟君,嘱其每次印好,邮寄样本一册,如遇邮船班期则可稍快见到。

十一期既无广播,可抽用十二期数则,但勿全抽,恐来不及补,且此"货"也缺,来信虽不少而以事务式为多,甚难挑选耳。兄处如有此类信件,也望编入。补白稿实一问题,现拟三种办法,译一点西洋杂志的消息报道之类,摘录理论警句,用短的杂文或诗。望兄也能协助。生活于《文阵》,似不甚热,茅盾先生至今无信息,我已连去航函五六封,本想至十二期止不沪,但念沈先生之重托,及友人们之鼓励,深不愿自我而斩。故决意支持下去。

一期来稿佳者甚多;惜皆冗长,近在编此,本定七八万字,兄处既有,则二三日内,我处当交出五六万字,但篇幅太超过不好,兄处之稿,也可留一部分作二三期之用,使每期有一点精彩引人之作,兄以为然否?

SY 及信,已去函查问,大概因远东易名,而彼为一大学生,不知出版界情形,故无从投递耳。陈于华光,临行时曾面允弟捐百元,也许不会推托。因我在此间,亦帮他不少忙也。

……

《叫爸爸回来》,我意尚有可取,请兄略加修正,仍用十二期，因受沈先生嘱，竭力注意新人，标准可较低，而此人则似可造就也。沈先生在此，曾提拔新人不少，皆逐渐进步的。为之发表，不过存鼓励之意而已。兄为然否？……

匆匆祝好！

弟　南拜　三月十八日

楼适夷与孔另境的合作是相互尊重、相互帮衬，缺一不可的。信中用商量探讨的口吻谈及编务，请孔另境共同出力。信三中对于出版方的合作仍觉不太满意。重申："生活于《文阵》，似不甚热，茅盾先生至今无信息，我已连去航函五六封，本想至十二期止不沪，但念沈先生之重托，及友人们之鼓励，深不愿自我而斩。故决意支持下去。"

一波未平，一波又起。上面被扣的稿件尚未了结，仅过一个月，十期《文阵》又被扣压，搞得"令人急煞"。这件事情在楼适夷的回忆中没有提及。写于1939年4月4日夜的信，谈到此事。

信四，写于1939年4月4日。

另境兄：

十期《文阵》，至今未到。现在才明白被扣，且交涉发还，但何日能到，令人急煞。如此情形，何以维持，想此后情形，只会恶劣。不过我偏死力支下去。三卷一号上月廿一交出已收到否？二号日内即编好！在香港印是办不到的，本来总店有移渝印计划，现在决定照老办法了。一时想不出更好办法，只好照旧进行。以后每期一印好，请邮寄一本给我，我不知

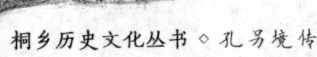

此事向谁交涉,故未交涉过,只好劳你了。(收到收不到,也只有不管)早一天见到东西,总早安慰一天。生活各分店情形,颇似诸侯王国,各自为王,却找不到周天子,所以我是怕同他们打交道。马达稿费单系从甘致陈信中附入,我看他写,亲手交,何以未到,补发一张很难,一定要他们查明确未付出才肯,你向陈问一问吧。

一号内征军之诗抽去,因他已投另一刊物。编辑费本拟每期致兄廿元,但近来计算此间费用,邮费每月几乎化三十多元港币(约合国币六十元,如一封航空信要港币三角五分,几乎七角)尤其退稿,航空寄赠(每本港币一元四),再加交通费等,几已不堪支持,故于兄处只得照原状,每月二期二十元,一期十元,此事务请原恕。华光之事,另外想不出办法,现附一信,你去找一次志皋,如果他滑头,那也无法了。兄个人状况,不知如何,最好能寄一点文章来,此间稿费较优,亦不无小补。

上海的《文阵》稿收到否?如多二期望留一篇论文。我为论文,实已苦死,几乎绝无来稿。想自己写,又无充裕读书研讨时间,现在差不多完全是事务人了,单是《文阵》,每天至少收到十件邮件,近来又忙文协事,天天要开会跑腿。更谈不上写作了。乞兄经常写一点,盼切。马达一信,乞转。颛此,祝好!

建南 四月四日夜

由于稿件在来回的运送中发生被扣压的事,考虑到"如此情形，何以维持，想此后情形，只会恶劣"，他们两位商量对策，问题是"香港印是办不到的，本来总店有移渝印计划，现在决定照老办法了。一时想不出更好办法，只好照旧进行"。然而，从香港这处"孤岛"，与上海这处"孤岛"之间牵起的一根丝带，随时都有断裂的危险，他们勉力坚持着、奋斗着，靠着这种精神，最终创造了出版史上的"奇迹"。

"巧妇难为无米之炊。"茅盾离开后的初期，稿子仍源源不断地来到编辑手中，楼适夷非常高兴，"我的工作只是写信，那都是来稿的复书，不是约稿的信"。过了一段时间，他就感到困难了，尤其是理论性的文章。信中他说："上海的《文阵》稿收到否？如多二期望留一篇论文。我为论文，实已苦死，几乎绝无来稿。想自己写，又无充裕读书研讨时间，现在差不多完全是事务人了，单是《文阵》，每天至少收到十件邮件，近来又忙文协事，天天要开会跑腿。更谈不上写作了。"即使如此，翻开《文阵》，可以查到楼适夷（叶素）写了不少短评和书评，并动员孔另境（白鹤）也撰写，通过自己的努力，来实践最初既定的办刊方针："我们在编辑方面想努力做到的依然是集中全国优秀作家的最新劳作。多多介绍新的文艺战士。探讨抗战文艺运动中的一切问题，建立新的现实主义文学的理论基础。以及尽量反映全国各地文艺运动作家活动的状态。"

楼适夷在代理主编的过程中，非常注意以上几个方面的具体实施。除了约请全国优秀作家撰稿，注意对新人的培养和发掘也是重点。如在信三、信四中，他与父亲孔另境谈到这两个方面：

关于《叫爸爸回来》（舜木人作），"我意尚有可取，请兄略加修正，仍用十二期，因受沈先生嘱，竭力注意新人，标准可较低，而此人则似可造就也。沈先生在此，曾提拔新人不少，皆逐渐进步的。为之发表，不过存鼓励之意而已。兄为然否？"

又如："最近准备与愈之重华具体一谈，调整一切，同时计划编一小丛书。鲁风之文准备不久寄您，我现正计划着多写几篇文艺问题的短文，您关于上海文坛报告，如写好抽空排入可也，不必寄港多费周折了。""十一期稿已编好，留一栏地位，请兄介绍上海刊物。三卷一期陈望道、郑振铎、王任叔三先生务请作稿，前二人我已去信，望兄催之，如有交来，不必寄港，由兄编入可也。乞兄为《文阵》专制一文，以增热闹。"等等。

《文艺阵地》在团结进步的文艺力量上起到了很好的作用，使之在全国的影响延绵扩大，除了继承并发扬了刊物已有的特色之外，楼适夷在其刊物的时代特色上花了功夫，组织并发表了一系列极具影响的报告文学作品。如丁玲的《冀村之夜》，骆宾基的《东战场的别动队》（连载），司马文森的《粤北散记》（连载），周而复的《延安的文艺》《播种篇》，以及，不久前从纳粹德国回国的刘盛亚（SY）连续寄来报告《在卍字旗下》等等。

关于刘盛亚（SY），当时还是一位大学生，并不知出版界的情形。最初，茅盾启用了新人新稿后，楼适夷不断地与他联络，继续这些"报告"刊载达十六次之久。还在"编后记"中加以推荐，成为《文艺阵地》在报告文学上所显示的特色。这位新人的作品，后来结集出版，得到读者的好评。

反映全国各地文艺运动、作家活动的状态，也是《文艺阵地》

的特色之一。至今,我们可以从"各地通讯""文阵广播""报导"等栏目,追踪了解当时作家们的动态和时代风雨中他们的心智和抱负。这些栏目以求信息量广泛,给予关心文艺动态、牵挂作家状态,又身处各地的流亡者一种信息上的安慰和互通互动的平台。这样的特色,只有"耳聪目明"的勤奋编辑才能做到。

纪念鲁迅是《文艺阵地》永恒的主题。不仅鲁迅形象的木刻作品常刊于卷首,《鲁迅全集》发刊缘起、总目提要等宣传也占重要位置。第二卷一期《文艺阵地》为《鲁迅先生逝世两周年纪念特辑》;鲁迅逝世三周年时,有大型特辑出版(四卷一期),并有报道《成都鲁迅先生纪念展览会记》(四卷四期)等。经常刊载有关论文和杂感,如欧阳凡海的研究论文《鲁迅初步思想·文学观·社会意识的检讨》连载三期。直至在上海最后出版的《文阵丛刊》之二,即为鲁迅先生六十诞辰纪念出版的专刊《论鲁迅》,都反映了对鲁迅先生的崇敬和学习鲁迅精神的发扬。

繁忙中的清贫是编辑人的常态。茅盾在香港编《文艺阵地》时的经济状况,他晚年曾有回忆说明,他说:"香港生活程度之高,也是我决心离开的一个原因。我们的开支月月入不敷出。《文艺阵地》的编辑费是法币七十元,折合港币四十多元。《文阵》在广州排印时,一月两次赴广州的车马费,旅馆费就花了一百多元,移到上海排印后,又从七十元中扣出十五元补贴另境。因此,我编《文阵》所得付了太子道公寓的房租就所剩无几了……"

那么楼适夷接主编之后,想来生活书店不可能出价比给茅盾的高。茅盾因有一家子人口靠他写作、编稿生活,而楼适夷

独自在香港生活,开支就小多了,但是,"家家都有本难念的经",楼适夷仍"不堪支持",他在给父亲孔另境的第四封信中说:

"编辑费本拟每期致兄廿元,但近来计算此间费用,邮费每月几乎花三十多元港币(约合国币六十元,如一封航空信要港币三角五分,几乎七角),尤其退稿,航空寄赠(每本港币一元四),再加交通费等,几已不堪支持,故于兄处只得照原状,每月二期二十元,一期十元,此事务请原恕。"

按楼适夷的说明,情况的确很难,每月的邮费支出这么多,甚至超过给孔另境每月费用的一倍半,其中还不计交通等费用。如果说邮费之高难以置信,而编辑的劳动力价值之低更令人唏嘘。孔另境协助编每一本刊物的代价,只有寄赠七本刊物的邮资费用。这事放在现在是不能想象的。刊物主编当然也相当贫困,因为没有实际素材不能妄说。由此可见他们的操劳,他们的繁忙,他们担负的责任,是不计代价的。在这样的情况下,楼适夷关切地问:"兄个人状况不知如何,最好能寄一点文章来,此间稿费较优,也不无小补。"

为稻粱谋,他们各自兼及的工作很多,或参与办刊,或教学,或写作,尽管困难相当大,他们乐此不疲,因为他们还年轻,有追求,即使很清贫。楼适夷受已迁重庆的"中华全国文艺界抗敌协会"总会会长老舍的委托,在香港筹备成立"抗敌文协"的香港分会。信中所说的"近来又忙文协事,天天要开会跑腿"就是讲这件事。

已经结婚生子的孔另境,这时在上海"孤岛"的四马路原华华中学(由原上海大学校友会创办的中学,孔另境任教务长)

的校址，创办华光戏剧专科学校，在培养戏剧人才、学习革命文艺理论、组织学生演剧抗日等方面事务繁忙，且学校经费不足，为筹款也颇费周折。楼适夷热心介绍陈志皋先生捐款，此事在上面三封信中提道："华光之事，另外想不出办法，现附一信，你去找一次志皋，如果他滑头，那也无法了"；"陈于华光，临行时曾面允弟捐百元，也许不会推托。因我在此间，亦帮他不少忙也"；"此信同时有一信致陈志皋先生，介兄往访捐款事"等。关于这件捐款的事，据说不甚了了，当可另文再述。然而，楼适夷身处异地为孔另境办学经费动脑筋想办法，这种帮助是很可贵和可钦佩的。移编于上海时，楼适夷在香港代理主编《文艺阵地》，六七个月下来，他不得不从香港逃亡到上海。原因在于他为筹备成立"中华全国文艺界抗敌协会香港分会"，做了许多幕后的组织工作，出面的是许地山等头面人物。当局看到他们活动频繁，害怕得罪日本人，就想加以限制，并探嗅出楼适夷是幕后人物，便要寻找他。为了预防不测，1939年6月中，生活书店香港分店的经理甘伯林悄悄地通知他赶快离港。

楼适夷担心的是《文艺阵地》怎样交代。"已经安排好了，"甘先生对楼适夷说，"我们将稿子寄到上海去，你在上海编，后方和根据地的来稿，我们会托轮船带给你。"这样，《文阵》的编辑工作，从这时起，也就移在"孤岛"上海进行。也有一种讲法：当时稿件大部分由重庆收稿，再寄香港，然后由港转沪，在沪印刷出版后，又秘密运送到内地发行。这两种讲法，香港的环节仍是不能少的。因为是秘密进行,我们在刊物上并不能看到《文阵》已经移至上海编辑的说明。

仅有一点差异,从第三卷九期(总33号)1939年8月16日出版的版权页上,发行人署名:徐伯昕。发行者仍然是"生活书店"。在之前的各期上,均署茅盾为编辑兼发行人。这个变化是否说明徐伯昕先生是刊物的实际发行工作人,抑或原来任发行工作的人不力,现在换了将?这就不得而知了。

评论家叶以群认为:"《文阵》从三卷后半卷起,作者的范围就明显地日渐狭窄,香港和'孤岛'上海两地的进步作家几乎成了作者队伍的主力。因而,反映的面就不能不比前期缩小得多。"这里说的"三卷后半卷起",可能就是指楼适夷移编于上海之时。这样的状况是非常不得已的事。其时,全国的政治、文化、教育等的重心在重庆,即陪都。文化人大都集合在那里,文艺刊物也层出不穷,与上海的通讯仍很困难,邮资又那么高。而对于远离"中心",又处于敌人包围圈的"孤岛"环境中,时局变化莫测,"孤岛"的藩篱随时有被冲破的可能。这样的不稳定性,对于编辑组稿工作来说,无疑带来更为严重的困难。因而,"香港和'孤岛'上海两地的进步作家几乎成了作者队伍的主力"。

再说,楼适夷秘密只身来到上海,他以工作为重,旋即找到父亲孔另境,为了安全起见,有段时间楼适夷就客居在厦门路尊德里38号,我外婆家中的亭子间里。我母亲金韵琴有一段描述:"适夷来上海时,曾在我们家里住宿过。我怀着崇敬的心情看着这位从内地来的革命同志,只见他个儿不高,中等身材,大头大脑,目光炯炯,行动敏捷。那时我们住在闹市区石库门房子的后楼上,另有一间晒台上搭的小书房,适夷就待在小书房里,悄悄地走动,悄悄地说话。这幢楼房有六七家住户,适夷出入又很机灵，邻居们一点不知道我家住过一位神秘的客人。"我家现在还能找到他当时拍摄的一寸照片，据说，是为办理户籍拍的。这事尚可以考证一下。

楼适夷在上海"处于半地下状态中编《文艺阵地》"，他的家人知道后，全家老小都从余姚跑来。他已经多年没和家人在一起了。在银行做事的叔父安排他们一家住在同孚路（今石门一路）威海卫路一个大公馆花园中的小楼房里，住在这里很安静也很隐蔽。

依楼适夷的说法，他与孔另境合作至1940年秋，那么，也就是坚持合作到《文艺阵地》在上海的终刊。以1939年1月16日二卷七期总16号起，他与孔另境沪港合作，至1939年6月16日三卷五期总29号移编于上海之时，最后至1940年4月16日出版的四卷12期总48号止，以上均为半月刊，合作编印了33期。

奇特的是，第四卷十二期出版的"编后记"中有这么些话：

> 这是《文阵》第四卷的最后一期，关于新的第五卷的计划业经拟批，工作也在积极进行，大概当读者见到这期文阵时，五卷第一期的特大号的《文阵》，也可以从印刷处送出来了。很快的，就会和读者见面了。

然而，中间停了三个月，这"特大号"的《文阵》才迟迟面世。其中有什么变化呢？首先，生活书店认可了楼适夷的主编能力和劳绩，随着《文艺阵地》在全国逐渐有影响，代理主编从后台走到了前台，从五卷开始署名由茅盾、适夷并列主编。其次，列有十条《文艺阵地》的改进计划，包括：增加篇幅，改变刊期，调整编制，加强理论，建立批评，充实创作，振奋杂文，推进报道，注意介绍，扩大画刊。重点在于从第五卷起改半月刊为月刊，而且，同一期刊物用两种版本推出。如此"重振"的背景是什么？

重要的原因在于国民党采取了严厉的图书杂志原稿审查制度，每本出版物的封底上要印明审查证的号码。为了避免在国民党统治区被查禁，突破审查制度的压制，采取了变通的办法，除了如期出版杂志之外，还将杂志改装成单行本书籍，采取了丛刊的形式面世。这个办法当时在"孤岛"进步出版物中已采用多次。因为，如果这种单行本被查禁，可以另出第二种单行本，不至于牵涉到刊物本身。

在上海推出的"文阵丛刊之一"用《水火之间》为书名，1940年7月出版；"文阵丛刊之二"以《论鲁迅》为书名，1940年8月出版。送往内地的刊物仍以五卷一期、二期为序。共出版发行了两期（册）。因为，即使这样精心安排，最终还是受到查禁处分而停刊。

1940年初冬，当茅盾从新疆到延安再到达重庆以后，决意复刊《文艺阵地》，曾电邀楼适夷前往。楼因有一家老小在上海羁绊，无法成行。他们在重庆将抗战初期在汉口登记创刊的批准证书再一次启用，其中，叶以群起了很大的作用。最初在重庆组织了七人编委会，有茅盾、沙汀、宋之的、章泯、曹靖华、欧阳山、叶以群等。（刊物前期由叶以群负责，后期由孔罗荪负责，仍用"茅盾主编"的牌子，编委名单在杂志上不署名。）

1941年1月《文艺阵地》六卷一期在重庆复刊。因为楼适夷、孔另境已不参加其工作，这里就不再多说了。

《文艺阵地》是楼适夷成为著名编辑家的重要台阶，探究他这一阶段的编辑历程和贡献，以实例证实他的编辑之功，自有其绵长的意义。

在主编茅盾的背后，有着多少人的艰辛耕耘，他们无怨无悔、默默奉献、守望相助，演绎一曲抗战文艺的同心歌。楼适夷是其中出色的一位，父亲孔另境协助的重要性也不必多说了。

第八章 投奔苏北新四军

东台垦区办教育

太平洋战争爆发后，1942年的春末夏初，上海抗战已维持四年的"孤岛"局面最终被打破，学校立即停办。不愿在日军铁蹄下生活的父亲，面对沦陷的悲苦和民族自尊，我父亲接受新四军联络员的意见安排，秘密离开了上海这个文化熟地，潜入苏北垦区。此行的目的是考察那里的教育，创办垦区中学。

他变卖了家用物品，携儿带妻奔赴苏北投奔新四军，方向虽在事前决定，但投宿的下处却毫无把握，一路上艰难行进。大约走了五六天吧，他们栖止在一个海滨的乡下，这是一块宽阔的海滨平原，在数十年以前，这儿还荒僻得无人居住。如今城里的人要适应环境一下子有些困难，然而，父亲的心境却异常的愉悦。

他们住进一所白色的大房子，镇上保长的家，偌大的房间没有地板，没有桌子和凳子，只有一张三人宿处的床。吃饭时，饭是摆在连灶的一间里，一只破损的方桌上摆满了热腾腾的大碗，桌子中间点着一盏仅仅一枝草芯的油盏，大概是光线太暗的缘故吧，望过去分辨不出碗里究竟盛着什么东西，不过断言并不是米饭,因为那些装盛着的东西颜色发灰黑,而且分不清粒子。

"这东西也许你们先生吃不来的,这是麦屑饭,我们佃户人家是吃不起米饭的——","原来是麦屑煮的饭,怪不得认不得了。"母亲苦笑似的谦逊着说,"没有什么,我们什么都能吃的……"

这是这次晚饭中唯一的一碗饭菜,望去觉得颜色有些发黑色,辨不清是什么东西,似乎是酱,但闻去又有点腥味。父亲想这一定不会是什么美味,所以虽觉淡饭难于下咽,也决定不去尝试。母亲吃了几口淡饭以后,仿佛有些忍耐不住的样子,于是也学着他们的办法,把筷子往中央大碗里一沾,接着把筷头往嘴里一送,哪知在这一瞬间,只听见"哇"的一声,母亲把大口的饭向地下喷出来了,同时嘴里还不住地吐着涎沫,坐在边上的那几个孩子被弄得莫名其妙起来,差不多同时发出惊奇的问号。

原来这是蚂蜞酱,怪不得有这样的腥臭,但何以竟成了黑色,也不便再问。母亲一边站了起来,一边嘴里还在说着:"没有什么,没有什么!"

父亲说,这里是东海之滨的一角落,我们脚所踏着的泥土,在数百年前还是海滨,是虫虾鱼鳖所占领的地盘,仅仅在数十年以前,方才有少数的逃荒者到这里来,搭几间茅舍,在这些含有大量碱性的土地上种植些杂粮,他们艰苦地把少数地皮渐渐改良起来,以度过他们可怜的岁月。大约三十余年以前吧,有几个资本家向政府领下了这一大摊的土地,几乎是毫无代价地建立了他们"垦荒"的王国,到现在,所有到海为止的土地,都是属于极少数的几个大垦殖公司了。他们有组织地经营着植棉,从各方招徕了农户,向他们榨取着劳力的成果。像此刻我们脚踏着的土地是属于一家组织得相当严密的大公司,他们把土地划分得异常规律化,把二十五亩田作为一,每个农户可领种一亩或数亩,每年把生产物向公司缴纳十分之三作为租息。要是在江南,一家农户种有数十亩田地,一定可以维持着相当优裕的生活了,可是在这里,因了土质的贫瘠,除了棉花,长不出什么其他东西的,偶然有比较好些的田里则可以长些玉蜀黍、麦子等杂粮,但收成量都不会好的,所以每户农家差不多都要向外边购买食粮,因之他们的生活也变成再可怜没有了。整年地不能享受一次米煮的饭,平常都是吃着大麦、元麦甚至一种喂猪用的叫什么"蒿子粉"。菜蔬更谈不到了,普通人除了喝喝白开水把粮食灌到胃里去以外,没有什么好吃的,像昨晚保长家里的那碗蟛蜞酱还算很难得的了。

　　下午,他们雇辆独轮车到附近的一个小集上去,名字叫通商镇的,其实只不过零落的数十户人家,而且几乎每家都是茅屋,没有一家瓦屋。一条牛车路贯通着集的东和西,路上印着深深的车辙。路的两旁也有几家商店,这种店什么东西都卖,比上海的烟纸店还要加倍的复杂,有烟和纸,也有布匹和犁头,而且还带卖粮食。后来他们多看了几处地方,才发觉这里的店铺其实不能分行分类的,因为都是一律的百货商店,最奇怪的,连理发、饭馆木器都会包括在一家店铺之内,试想这些店里的老板和伙计要有多大的本事才能愉快胜任呢!

　　不到五分钟巡完了这个"市镇",在市梢的一个什么庙里,听见了"唔呀"之声，知道这是一所小学了。考察教育是此行的目的，于是走了进去，迎接他们的是一位戴着老花眼镜的老师，十分恭敬地请了进去，见那漆黑大殿上挂着一幅总理遗像，其他任何东西都没有，连菩萨也不知哪里去了。旁边的一间殿上，才是课堂，坐着二三十个学生，都在埋着头念书，听有人走进去，都抬起头惊奇地望着这些人。他们坐着念书的桌子，有长的也有方的，和父亲乡下的私塾相仿。这位老师的办公桌兼教桌却放在向外正中，堆着许多书本之类，他就请大家坐在他的桌子旁边，父亲向他探问了这个学校的性质。以下为他们的对话：

老师慨然地说："这是半私塾性质的小学，政府只津贴了一部分的经费，就只我一个人在这里教教这些孩子，他们都来自镇上和附近的佃户人家。"

父亲知道，老师从前在上海龙门师范学堂毕了业出来，就在扬州教书。前几年发生了战争，学堂停办了，有一个学生在此地开店和种田，便邀了他到这里来。父亲问："先生在这里住得惯吗？""比较苦一点就是了，住长了也不觉得什么。"

"您对于这里的教育有什么意见？"

"这里政府对于教育倒是很注意的，他们常常派人来看看，而且寒暑假都要派我去参加他们的讲习会，他们都是讲些国家大势，我听起来倒也有兴趣。他们办事真热心，待老百姓也很有礼貌的，就是生活太苦了一些，而且常常要半夜里跑路，否则我这老头子也一定跟他们去了。"

"他们编的教科书您能教吗？""能，能，有什么不能！

我受他们的训练不知多少回了,他们的意思难道还有不明白吗!"说到这里,他似乎很有些自傲的样子,他仿佛也做了这新时代的一分子了。

我们因为要赶回去,所以就匆忙地辞别了这位在此地熬苦度日同时却还饱含着生气的白发老师,在路上,我仿佛获得了很大的安慰,在这里,我发觉了中国民族永久性的一个影子。我们继续地在保长家里住了半个多月,对于附近的情形也渐渐熟悉起来,农民对我们也不再另眼相看了,在他们工作空下的时候,常常跑来和我们谈天,有时我们也跟他们去捉鱼捕蛙。孩子也似乎住得惯一些了,他也不再讨厌乡下没有地板,而且常和乡下孩子们去玩弄烂泥了。现在孩子感觉唯一缺点的,就是没有零食好吃,我们从上海带来的糖果之类都吃光了,附近的镇上也绝不能再买到这些,当他玩得疲倦回家的时候,就会来向我们要求:"妈,去买点东西给我吃吃呀!"[①]

叫我"小苏北"

有人问我,看你的名字,就知道你是上海出生的,又定居在上海。其实不然,我名字中的"海"字,不是上海的"海",而是东海的"海"。父母把我出生在海滨平原的一个村子里,这个地方叫东台。父亲孔另境曾在一篇散文中记叙了那时那地的

[①] 孔另境:《海滨掇拾》,载《庸园新集》,上海文艺出版社2006年版,第207页。

情景。

在一个海滨的乡下，以后又移居过几个地方。这是全家三口的集体行动。几个月以后，这个集体成了四口之家，那是因为我在苏北出生了。从此，我父亲常叫我"小苏北"，成为我的昵称和专利。并告诉我，为我起"海珠"这个名字，是为了纪念这个出生地近海的缘故。

在那时，生活很艰苦不用说，对一个在城市里生活惯的妇女，要在农村生孩子，又是在非常时期，这安全就很难说了。母亲告诉我，请接生婆在农村生养孩子，是她七个子女中唯一的一次。其实这个接生婆，是个孩子，毫无经验，让她去洗沾染了

父亲（左）、叔叔抱着"小苏北"在尊德里外婆家

血的被子，她居然把整条被子放在河里洗涤。母亲的胆子是够大的。之前，她生我哥哥时，是不足月的难产，胎位不正又是头生，靠亲戚朋友帮忙，筹款住进了医院。虽然是个头生儿子，那瘦小的模样，父亲并不特别高兴。而我的出生非常顺利，白白胖胖的，头发又黑又浓，非常讨人喜欢，父亲尤其高兴，给艰苦的生活带来了愉悦。其实，母亲离开上海时已有三个月的

身孕，她没有考虑第一次生产时经历的危险，跟随父亲带着三岁的儿子，离开日渐险恶的环境，来到陌生而贫瘠的农村。她的勇敢一直令父亲称道。

我虽然出生在那里，苏北对我来说仍很神秘。只知道当时父亲他们来到的这个地方穷固然是穷，吃的是粗而无味的麦屑饭，最好的菜是发黑色而有腥味的蟛蜞酱，然而这宽阔的海滨平原充满新的生机。父亲调查那里的垦区一般情况：土质的贫瘠只适合种棉花，独轮车是那里的交通工具。去了一个叫通商镇的集市，只有数十户人家，而且几乎每家都是茅屋，没有一家瓦房。甚至连理发、饭馆、木器都会包括在一家店铺之内。

重视教育，培养下一代，在这样艰难的战争环境里，苏区政府是在热心地做，还委托我父亲筹办垦区中学。虽然中学没有办成，即使这样，父亲从这位当年上海龙门师范学堂的毕业生，如今饱含着生机的白发老师身上，获得了很大的安慰，发觉了中国民族永久性的一个影子。

我这个"小苏北"，在新四军的庇护下，生活了一年多，由于敌军扫荡，新四军苏中区负责人管文蔚，通知父亲和一批文化人受命返回上海，于是全家告别了这块已经熟悉的土地。半个多世纪过去了，从报上读到苏北纪行的报道，真想去走上一圈，亲眼看看苏北的变化，告诉我九泉之下勇敢的母亲。这个愿望2017年终于成行了，我们全家十几口人跟随旅行团做了一次苏北行，到过东台，当年的印象全无，这是意料中的。祝愿这片土地愈来愈兴旺发达！

这时，我哥哥回忆起他身上还留有当年的纪念品。因为要打防疫针，在那里的医院，注射时针头断了，还有半截钢针留在了屁股里，看不出也拿不出，父母一直担心这断针会游走到心脏里去，咨询过很多医生，这可是性命交关的事。然而，福大命大，我哥年已八旬至今无恙！

《剧本丛刊》五集五十册

由于离沪时变卖了家中的一切，这时，全家只能回到上海尊德里岳父母家中盘桓。

为养家糊口，父亲受托为世界书局主编《剧本丛刊》五集，共五十册。内容大都为激发民族正气及讽刺改编之作。作者均为当时留沪不愿与日伪妥协、生活窘迫的作家，有姚克、杨绛、鲁思、李健吾、魏于潜、顾仲彝等。父亲本人也创作或改编了五部剧本，其中《凤还巢》曾由吴仞之导演搬上舞台。

我很想向丛刊的作者之一杨绛老人问话，她有两个剧本《称心如意》《弄真成假》初刊在父亲孔另境主编的《剧本丛刊》第一、四集之中，由世界书局1944年1月、4月出版。我很想知道其组稿和出版的经过情况，杨绛先生是否认识我的父亲孔另境？或是由李健吾先生牵的线？但是，一直不便打扰杨先生。正巧胡乔木的女儿胡木英来上海，闲聊时说起她每年过年要向杨绛老人拜年，于是，我托请她代为咨询这两个问题。

我托胡木英的事，她很负责，2008年5月她在来信中说："分手之后，我虽惦记着你留给杨绛老人的问题，但始终未能与她谋面，试打电话，又因她耳聋无法交谈，最后只好写信给她，把问题交她去想。她收到信后本想写回信，不知怎么她想起有我的电话，随后半截的信不写给我，打起了电话，还真让她碰上我在家的时候（她是让保姆打的电话）。于是我听她讲，反正我想插问她也听不见，尽管自己讲开来。"

木英说，"现把我能记录下来的转抄给你，有些人物我不熟悉，只能按音写下，你自己去猜去好了。"

让我猜，这个难度不小，虽也能猜出几分，但是，又怕不能准确无误，这个折扣下来，会闹出笑话。为了对史料负责起见，我把木英写的，先打印出来，寄请杨绛老人，请她过目，订正，补充。因为，胡木英信的最后嘱我自己动手，抄给我杨绛老人北京的地址，让我书面请教她。

于是，我赶快写信，还把木英的记录件也给了她。

5月23日收到杨绛老人的复信，她的信中，对胡木英的记录件有所更正，大体上内容一致，只是个别的人名有搞错的地方。她的来信有整整两页，字迹清秀有力，丝毫没有抖动的迹象，而且很认真，信中有好几处用涂改液处理的痕迹。令我感动极了，她是为让我看得更清楚。而且，这是我收到年岁最高老人的信件了。她是1910年出生的，这年有98岁高龄。

这份史料，太有全文记录下来的必要：

孔海珠女士：

五月十六日来信已收到。赶紧回信把事情说清楚。我的《杂记与杂写》里有一篇《客气的日本人》，讲我到日本宪兵司令部受讯事。文章结尾有一句讲到令尊，"……有人奉命举着一只凳子不停地满地走"，他就是孔另境先生。我并未看见，大约是已经过去的事。我和令尊从未见过面。

我的两个喜剧先后在孔另境先生主编的《剧本丛刊》出版单行本。我并未投稿，也未订合同，只记得忽有不知谁寄来样书二册和若干稿酬，稿酬不多，我在老大房买了酱鸭、酱肘子各两份。当时我住位斐德路钱家，我公公和叔叔是孪生兄弟，两家同住分炊，很亲近，困难时期，难得开开荤，所以我买了同样的两份（剧本上演税够请朋友吃顿饭），书的稿酬只够买这么两份熟食，每份只装得两碟子，女儿瑗瑗把肘子吃在肚子里了，还在饭碗里找她的肘子呢。

"孤岛"时期，有个敌我界线。凡是不参加"大东亚共荣圈"的是"我们"，参与者是亲敌的。我的剧本虽然没有政治味，却正好可供抗日剧团作烟幕弹，恰好又很卖座，鼓励我写剧本的是柳亚子的女婿陈麟瑞（石华父），常来往的有程（陈）西禾和傅雷。因为都住在邻近。

有一次，我们夫妇参加一个有关文艺的会，程（陈）西禾很紧张地找到了我们坐处，告诉我们今天开会是要签名的，签名就是加入"共荣圈"，我说："我们就是不签名。"我们三个就双手插在大衣口袋里，扬长出门，并无人拦阻，可见签名是自愿的。

柯灵是中共地下党员，和我们来往很勤，他自己告诉我们他是地下党员。宋淇（宋春舫之子）又名宋悌芬，在话剧界很活跃。他爱喜剧，也写喜剧。

另一个圈子是郑振铎为中心的,他和傅雷都很好客。王元化夫人张可和我也常来往。我很想知道她是哪年去世的。你知道吗?

你问的事,我都写上了吧?

专复,即问近好

杨绛　2008年5月20日

杨绛老人的回忆很生动,尤其信中说到当时他们的生存状态,他们的圈子文化,他们的是非分明,还有你我的界线……真实可信。

然而,98岁高龄老人的回忆还是需要材料来佐证的。如信中说:"柯灵是中共地下党员,和我们来往很勤,他自己告诉我们他是地下党员。"此说需要有关部门核实。我还在家里的书堆里翻找出《称心如意》的原始初版本(1944年1月世界书局出版),发现前面有个"序言",可以补充和更正老人的记忆。

"序言"写于1943年11月23日,有讲到杨绛先生当年写作戏剧的前因,这是她第一次写剧本,这个材料很珍贵。也就是说《称心如意》是她的处女剧作。还说到剧本公演以后,没有修改的勇气。"直到现在,世界书局向我要它去编入丛刊,才翻出来重看一遍,尽量改动了第一幕和第四幕。可是躯干骨骼已经长成了,美容院式的修饰,总觉得是皮毛的,不根本的。对于旧作品最好的补救,还是另写新作品。"

之后,她马上写好了第二个喜剧剧本《弄真成假》。就此,她有了"剧作者"的雅号。这里,明确了剧本由她自己修改了,才交由父亲孔另境主编的《剧本丛刊》收入第一集之中。她在上面的信中的记忆有些断片了。她说:"我的两个喜剧先后在孔另境先生主编的《剧本丛刊》出版单行本。我并未投稿,也未订合同,只记得忽有不知谁寄来样书二册和若干稿酬,稿酬不多,……"写这封信时她已经98岁高龄了,要求她记忆无误也未免太苛刻了。这样,我想提的问题也就到此为止了。

关于这套剧本丛刊,因为数量很多,大家并不重视。记得在1964年前后,胡乔木经常来我工作的上海图书公司(旧书店)资料室看书,每次由我接待。有一次,他看到不少《剧本丛刊》的散本,被随便扔在地上,堆在角落,他指着书对我说:这套书有价值,有不少好作品,你父亲主编的(大意)。我回去后告诉了父亲,他很高兴,说胡乔木识珠。那么,这五十本书究竟是哪些呢?

有位有心人曾做过统计。他说:"1940年后,孔另境为上海世界书局主编了五辑《剧本丛刊》。每辑十册,共有五十册之多。除另境自己写的五册外,其余都是留沪剧作家的作品,先后在1941、1942年出齐。这五辑《剧本丛刊》的封面,是钱君匋设计的。剧本的作者和书名如下:

孔另境:《李太白》《沉箱记》《春秋怨》《凤还巢》《蛊惑》

王文显:《梦里京华》

方君逸:《银星梦》《满庭芳》《离恨天》《花弄影》《红豆曲》

石华父:《晚宴》《孔雀屏》《雁来红》

邓昭晖:《妻》《丈夫》

周贻白:《绿窗红泪》《金丝雀》《阳关三叠》《连环计》

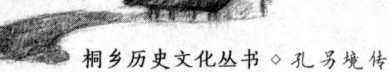

朱端钧:《圆谎记》

李健吾:《花信风》《喜相逢》《风流债》

佐临:《梁上君子》《荒岛英雄》

吴仞之:《赚吻记》

洪谟:《阖第光临》

姚克:《清宫怨》《楚霸王》《银海沧桑》《美人计》

胡导:《眼儿媚》

袁牧之:《钟楼怪人》

袁俊:《富贵浮云》

黄鹤:《潘巧云》

杨绛:《称心如意》《弄真成假》

鲁思:《十字街头》《狂欢之夜》《蓝天使》《爱恋》

锡金:《赌徒别传》

魏于潜:《钗头凤》《甜姐儿》

顾仲彝:《三千金》《重见光明》《新妇》《野火花》《八仙外传》

由于《剧本丛刊》宣传爱国抗敌意识,父亲孔另境被日本宪兵逮捕,受到酷刑拷打,直到抗战胜利前夕,才被释放。《剧本丛刊》中的不少作品都在上海话剧舞台上演出过,受到广大观众的热烈欢迎。其中姚克的《清宫怨》,后来在香港改编拍成电影《清宫秘史》,影响更为广泛。

上海解放后,孔另境历任上海大公职业学校校长、山东齐鲁大学教授、上海春明书店总编辑,主编过《新名词辞典》。这部辞典深受读书界欢迎。这在当时工具书缺少的情况下,"乃不失为一部有影响的书。"①

被日本宪兵司令部拘捕

1945年初，谭正璧开办新中国艺术学院，请父亲孔另境担任教务长。父亲约请不少进步爱国文化人担任教职。学校兴旺起来了，然而他的进步活动，立场明显。1945年5月，父亲终被日本宪兵队拘捕。当时上海有一批进步文化人，包括许广平、柯灵、沈寂，还有我叔叔孔令杰等在同一天被抓。在抗战快要胜利之前，日本人的行为简直到了丧心病狂的程度。

父亲这第三次坐牢受刑最严酷、最凶狠。父亲曾告诉我们说，日本人对关押者施行"摔背包"、坐"老虎凳"等毒刑，还往关押者的鼻子里灌水，等到肚子涨了以后，就踩腹部，直到关押者几次昏厥大口吐血为止，等等。出狱后父亲曾写文章讲述这次坐牢的经过。日本人没有证据，抓人进去后就逼供。当时是被关在贝当路的日本宪兵司令部。这次牢狱之灾，对父亲身体的摧残很严重，使他留下了终身的疾痛。

等到日本人气数丧尽，一大批文化人后来也就全部被释放出来。41天后被释。父亲终于盼来了日本投降的这一天。父亲说：

……四十一天的时日不算长，我却仿佛度过了半辈子的生命，人是从健康变为衰弱了，精神是从兴奋变为歇斯底里了。

---

① 朱联保：《孤岛文学补遗——孔另境主编的"大时代文艺丛书"、〈剧本丛刊〉》，载《书林》1980年第4期。

在牢里,整日的闲坐和闲想,把一切不可能都认为可能,把全部的精力浪费在猜测上,人是变了,精神也变了,只有一点没有变的,那就是对敌人的仇恨!他们用牢笼来束缚了我的身子,可是他们没有方法来动摇我这仇恨的心情。

今天,是我逃出牢笼的一周年,在这一年里,我眼看了敌人的屈膝投降,我目睹了敌人从耀武扬威变到卑躬委琐,前之神圣不可侵犯的敌宪,今也只好向人低头,求人怜肠。前之洋洋大观的必胜之论,今也只好讷讷而言应败之理了!这一切,岂非和梦一般么?然而这是现实,这是我的仇恨心的应验,我虽没有举行庆祝典礼,我的心却在笑了!

和我度过同样命运的人很多,有的至今伤痕未瘥,我想他们在抚今思昔的时候,也一定会说一句,还算值得的吧!①

抗战胜利了,姐弟团聚

抗战胜利之后,1945年8月,经金学成介绍,父亲参加进入第三方面军主办的《改造日报》编辑工作。此报是专对日侨、日俘进行教育的报纸,因内容进步,未及一年被勒令停刊。后为大地出版社、春明书店等主编《新文学月刊》《今文学丛刊》等刊物,发表茅盾、郭沫若等重要文章,刊物又被禁停刊。

1946年,抗战中父亲流离南北的姐姐、姐夫回沪,姐弟终于团聚。父亲为他们安排住处和采购家具。他和范泉先生一起跑虬江路旧货市场,那时,日侨撤离,家具带不走,东西很多。

---

① 孔另境:《一周年》,载《庸园新集》,上海文艺出版社2006年版,第272页。

他们挑选的日用品，价廉物美，姑妈很满意。当他们离开上海，这套家具留在了我们家。现在这套日式家具和日用品，我们捐给了虹口区的文物单位。

还记得我们全家到在山阴路大陆新村6号二楼姑父、姑妈的寓所作客，留有一组照片。那年我五岁，理着短短的童花头，穿着白衬衫花的背带裤；哥哥长我三岁，穿着西装短裤，显然比我神气得多。那天，有位日籍摄影师为我们拍了不少照片，还到大陆新村6号的弄堂里拍摄。至今还依稀记得，我们按照摄影师的要求，装着散步的样子，一家四口手牵着手，从弄内向外走，这拍的是全身的照片；在二楼姑父、姑妈的居室里，也从各个角度拍摄了好几张。那是夏天中一个愉快的下午，摄影师为我们小孩子和房东欧阳翠家的孩子也一起拍了好几张才罢兴。其中，最漂亮的一张是我母亲金韵琴和我姑妈孔德沚的合影特写；最珍贵的一张是我们全家四口和姑父、姑妈在谈话的写真。

定居上海没有半年，茅盾夫妇应苏联对外文化协会之邀，赴苏联做了一次观光，在两个月的光景里，为操办出行非常辛苦，父亲知悉其间茅盾曾赴京两次，断续接洽各种手续和参加友辈饯别，实费去了很多可贵的时光。父亲说："茅盾的办事方法是不苟且极仔细的，事无巨细都须经他亲手安排才能放心，所以虽然有茅盾夫人从旁协助，但一切主导的设计无疑仍在茅盾自己，而且大部分的设计还是躬亲执行，比如说，购买应用物品，照理是可由他夫人去办了，但他却还是愿意自己去办，一次又一次，把八九只小皮箱买了回来，还一次一次地买回许多零碎的应用物件，只有许多他力不能任的事情，比如织绒线衣，缝

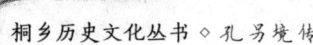

衣裤等事,才交给他夫人去做。"父亲在特稿《茅盾出国记》中详细地作了报道。茅盾的这次出访无疑是中苏文化交流史上的大事。父亲写道:

  他的夫人这次也被邀伴同出国,对他的帮助自然是很多的。沿途的照料,旅期中的做伴,比起上次郭沫若先生孤独地来回,毕竟便利得多了。茅盾夫人是非常敬爱茅盾的,我和他们俩一别十年重逢之后,我感觉她更爱护他了,而他对她也比起十年前更觉和蔼得多了,这也许是因为经过了长久的时日磨合,渐渐冲淡了相异而生长了调和,也恰恰证明了感情这东西确实是时刻在动的过程中,需要培植,也需要磨合的。说实在的,茅盾夫人也并非是一位不能干的女性,可是她的才能只不过止于忠实的执行,她只有在像茅盾这样的爱护之下,才可以发挥她的才能,过去她是落过多次辛酸的泪的,而现在,我想她该可以笑一笑了吧。

  我和他们十年不见,原想此后总得有一个较长的时间相聚了,不料他俩在上海只住了半年(他们是五月二十六日到上海的),又匆匆地离开上海了。在这政治空气一天天沉重的时候,能转换一个地方去呼吸一下,几乎是每一个有感觉的人的愿望,然而只有他俩获得了这个幸福的机会,我们——每个送他俩上船的朋友,心坎上都蕴藏着多少羡慕的感情来和他俩握手告别。像我,当和他们握别的时候,心里突然袭来一阵难过,但这,不是舍离不得的难过,而仿佛同室的囚犯,眼看着难友刑满出狱,大踏步走到自由天地里的难过。不错,他们并不是真的释放,可能再被"拘囚"起来的,但假释也是好的，对于我们这种长期囚犯，谁能给我们到自由天地里去呼吸一分钟呢？

今天（十二月五日），每一位到埠头的送行者，都损失了或多或少的睡眠时间的，我五点钟就起来了，要比平日至少少睡一二小时的。而孩子，他是昨天预先告了假决定要为他的姑夫姑妈送行的（说穿了，他是要去看看那只大轮船）。他比我醒得还早，天还未蒙蒙亮的时候，他已经大声地呼喊起来了。当我们赶到大陆新村的时候，除了主人和同居者已起身而外，客人是算我们第一到的。大概到八点钟的时候，送行的客人陆续来了，这时一切都已经准备完毕，单等来迎接的人员和汽车。一点人数，连被送行者共有近二十人，同时还有行李十五件，这大队的人和物，要不是来大卡车是无法开动的，大家都为这而担着心。到八点过半，戈宝权先生领了一位来迎接的苏联使馆成员克留可夫，据报告是开来了两辆小客车，于是一阵忙乱，行李和人都开到了弄口，果然，车子是装不下这么许多人的，后来又雇了一辆街车，总算挤得满满地把全部人员连行李都带了走。

车到海关码头，郭沫若先生夫妇和另外一二十位文友都先在等候了，彼此嘻哈一阵以后，叶圣陶先生等开明书店朋友也来了，之后是各报记者等，一共总有四十余人。于立群女士献呈花篮一只，茅盾夫妇谦而受之。海关人员非常客气，原想有麻烦的，不料一点也没有，于是看了看护照以后，大队人马就登上了一只接客的登陆艇。

斯摩尔尼号就停泊在外白渡桥过去一点的对江中心，我们的登陆艇只有十多分钟就靠拢了大船。一上了大船,首先是去认认房间,一百十一号床位和一百十二号床位在头等舱房间,即在二层里。房间自然是极小的,可是很干净,床上都铺了白色的被褥,恰像医院的病房。因为房间小,大家仅一瞥而过,都走到了甲板上来,于是我开始为他们拍照,一张又一张,也不知照了几张。我对照相其实是外行,只是因为若不照相,大好纪念,都将成为过眼烟云,所以尽管自不量力,而擦擦之声仍不绝,使大家都得了一点安慰。

甲板巡回以后,大队人马开到了吸烟室(客厅),于是被送行者为记者们包围了,要求发表谈话,茅盾婉拒之后,我只听见他说一句:"大家珍重上海的冬天,这个政治的严冬是很冷的!"这一句富有含蓄的话,实是今天送行者最丰富的收获。

文友们又要郭先生代表全体送行者临别赠言,郭先生慨然地说:"茅盾先生去苏联是再好没有了。在他自己,他的创作欲望必然将高度地激起,而我们,我们正渴望着大量的东西供我们饕餮,我们都饿透了。"又说,"不要忘记是人民中间出来的,更丝毫不要感觉夸大地想,我是代表人民的。所谓纯客观是靠不住的,纯客观了,有时还不免出岔子;站稳了人民的立场,就再也出不了什么岔子!"[1]

这时塔斯社社长罗果夫,俄文《新生活报》编辑顾利士都

---

[1] 孔另境:《茅盾出国记》,载《庸园新集》,上海文艺出版社2006年版,第290页。

来送行了。送行中的还有戈宝权、范泉、欧阳翠、黄宝洵等，同时时间已近十一点，茅盾与大部分人都握手告别，留下来只有极小一部分人了。亲属中有我父亲、母亲、叔叔，以及我哥哥建英，也是留下来中间的一小部分。等到送走了送行者之后，大家又回到了客厅里。那天父亲摄下许多珍贵的照片。

这客厅相当精致，有皮面的沙发，有大钢琴，四壁漆着漂亮的绿色油漆，悬着图画，置身其中，宛如坐在一家大公馆的客厅里。同时客厅里的气温又相当高，一进门，大家就叫起热来。

茅盾原是穿了一件预备穿到冰天雪地去的皮大氅的，这时也不得不卸甲了。郭先生也换下了毛线衣。每人的脸上被这温暖一蒸，都发着红光。这气温的转换，使人在心情上也起着一点变化，仿佛我们这一大群人已经从窒息的寒冷中渡到了温暖自由的天地里。等到大家坐定，一时反觉沉寂起来，于是茅盾就要夫人去拿出两匣零食来，开开匣盖，我们南方人一瞧就知道是杭州的名产"香榧"

茅盾夫妇在斯摩尔尼号上　父亲孔另境摄

和"小胡桃",然而北方人和苏联的朋友却大大惊奇,也许他们从没曾见过这些吧。罗果夫氏学会了吃法以后,继续不断地埋头苦干,一只又一只地往嘴里送,似觉其味无穷,其他的人也都动员起来,虽觉吃法相当麻烦,但滋味却也不坏。吃着吃着,于立群女士突然拉住茅盾夫人的手说:"我现在真觉得有些舍不得离开你们呢!"

这仿佛是一颗刺心的小炸弹,一爆发就把大家自平静而浑忘的氛围里突然提醒了回来:"我们是在送行呀,还有一小时我们就得离开他俩了!他们将飞到自由的天地,而我们却还须勉度着艰苦的寒冬!"

郭先生毕竟不凡,他理解群众的感情,他巧妙地转变了大家的情绪,慢吞吞地说:"等着吧!也许明年9月联合政府成立,10月里我们就可组织'访苏团'一起到苏联去!"

茅盾就接着说:"好的,明年我就同你们'访苏团'一起回国。"

于是,大家都朗然而笑了,这是一种热望的笑,是一种真挚的笑。送行者要求郭沫若先生代大家书面送几句话给茅盾夫妇,于是他握笔立就,由郭太太朗诵起来:

寒流过去暖流来,今天就和春天一样。

这真是多么喜欢的一天,我们在这斯摩尔尼号上欢笑得和孩子一样,大家都感觉着自由了!

这不是离别,因为我们的情感永远不会离开。

我们也没有什么临别赠言,因为你就是我们卓越的灵魂的工程师,我们的言语都在你的心里。

我们只希望你们带着我们大家的心向北国的亲爱兄弟们祝福！

别了，明年春夏之交的时候，请你们从自由天地更多多带些温暖回来。

接着茅盾也回赠一番话，他写道："离开了这么多的敬爱的师友，虽然我是到温暖自由的天地去，我们的心情是难过的，我依依不舍，因为你们将在祖国度过阴暗的季候。谢谢我的敬爱的师友，为了你们给我的友爱和鼓励。"

这房间里的苏联客人也相当多，看我们这么热烈的表现，虽然言语不通，总也会觉得我们这一群人是多么热爱着自己的作家吧。

时间一分分地在溜过，离斯摩尔尼号开船的时间越来越近了。正在大家沉默了一下的时候，一位红军军官——苏联大使馆的武官长——闯了进来。他那雄赳赳的姿态，使人想起他们的铁腕曾经扭断过法西斯的巨颈。他走过来和我们每个人握手。漂亮的军服，炫耀的肩章，比起英美资本主义国家的军官来毫无逊色，而这位军官面部的庄严英爽的表情，正代表了这社会主义国家的正义和不可侵犯性了。

十一点半的时候，时代出版社送来了数十册玫瑰红封面的小册子，罗果夫赠予每人一册，书名《欢送茅盾先生访苏唱和诗辑》，是前次苏联驻沪领事哈林饯行茅盾时的宾客唱和之作，内载旧体诗词七言七首，作者为黎照寰、郭沫若、田汉、沈钧儒、叶圣陶、颜惠庆、潘梓年等七人，装帧极为美观，于是大家向

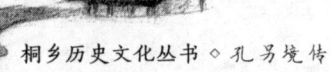

茅盾索签名,以留纪念,同时茅盾也要求送行者签名,郭沫若先生签了名以后,诗兴突发,就在封面内页上提笔而吟曰:

乘风万里廓心胸,祖国灵魂待铸中,
明年鸿雁来宾日,预卜九州已大同!

快十二点钟了,苏联总领事哈林夫妇和他的随员等来了一大批,于是又开始了一阵的热闹,握手、祝福、摄影,把这一间客厅挤得满满的。就在这时候,关员来通知,要送行者全体离船。送行者在无可奈何的情形之下,只好一一和他俩握手道别。父亲拉着自己的孩子走向船舷,在过道的门边,拉住了自己姊姊的手,但是一句话也说不出,心里却在说道:"祝你平安幸福,此外,要请你特别照顾好茅盾,因为他不仅仅是你的丈夫,而也是中国万千人所寄托的代言者,中国自由灵魂的象征!"

父亲和其他送行者们又乘上了登陆艇,又在浪花滚滚中驶向岸边,遥望斯摩尔尼号上的茅盾夫妇频频挥手,顿觉这一水之隔,已将他们这一群送行者和茅盾夫妇分隔成两个天地,但愿茅盾夫妇一路平安。这里借了圣陶先生的两句诗期待着我们的作家茅盾:

为送雁冰致一语,
幸将慧识发天才!

写于一九四六年十二月五日夜

这篇独家报道和父亲拍摄的多幅摄影照片刊于《上海文化》1946年第11期，为我们留下了那时代的印记、知识分子对苏联的热切向望，以及许多在沪知名人士为欢送上船的一次愉快集会。真是非常难得的珍贵史料。

1948年，应校长陈汝惠邀请，父亲入江湾中学教书。

第九章　喜迎解放当主人

上海解放那一天

欢迎，欢迎，
欢迎人民解放军！
你是我们的人，
你是民主自由的保护人！
卅八年来的军阀统治从此送终，
战犯、豪门、特务一古脑儿给我滚！
我们是大地的主人，
我们是人民中国的主人！
人民解放军是我们自己的人，
看：雄纠纠，气昂昂，
攻无不克，战无不胜的常胜军！
好似火热光明的太阳，
你的热力已温暖了每个人的心！

一九四九年五月廿六日解放军到达时作

第九章 喜迎解放当主人

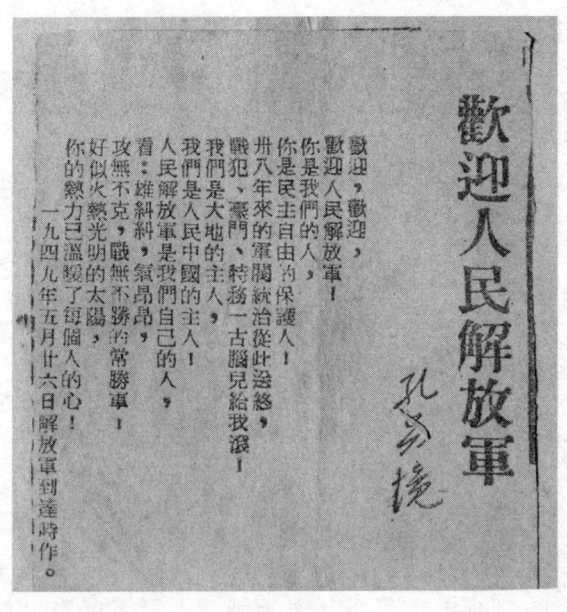

《欢迎人民解放军》刊在1949年5月28日《大公报》上

上海解放那天,父亲孔另境站在面向四川北路1571号邻街的三楼阳台上,目睹了解放军进城的那一时刻,"你是我们的人,你是民主自由的保护人!"在激动的心情中,他马上写就上面那首歌颂的诗篇《欢迎人民解放军》,第二天又挥笔写下《这一天终于来到了!》等文章,并迅速在《大公报》上刊登。在文章中,他说:"昨天,当大队人民解放军的英姿出现在我眼前的时候,我几乎疯狂般纵笑了!我望着他们行进的步伐,我仿佛看见了盼望二十二年的奇葩瞬息生长又生长,突然亭亭玉立在我们的面前了!我仿佛看见了一个可以把所有反动匪帮一下打成泥浆的巨大无比的铁拳!这情绪,只有在饱受人家欺凌后,投入母怀的孩子方才可以想象!"抱有这样的心情,在以后的多少个日子里，父亲常常对我们回忆起解放军进城那一天清晨，在晨雾中他亲眼所见的景象：这批解放军战士和衣在四川北路的街头两旁，排列整齐地躺在地上休息，安静得一点声响也没有……

我那时7岁，也依稀记得父亲兴奋而急促地唤我们起床，匆忙中提着衣衫跑到阳台，四处张望，寻找人民解放军。我亲眼目睹了解放军行进的步伐，还远远看到戴着红袖章的工人叔叔，他们在为解放军送水。父亲在阳台上挥手，心里不断地翻腾起涟漪：人民解放军是我们自己的人！这是一支人民的军队！我们是人民中国的主人！

用诗歌来表达当时的心情，直白、简洁、豪爽，这是痛快的意念，是内心喜悦的释放。这在父亲的写作史上绝无仅有。正当此时，我的二妹出生了，父亲为她取名"乃曦"，字面的意思是"东方晨曦"，父亲曾用过"东方曦"的笔名写过不少论战文章。为女儿取这个名，寓意"天亮了"。其实，还包含一个转折的意思，即黑暗已经过去，父亲用上海话开心地说："奈么天亮了！"

参加第一届文代会

"天亮了"，父亲首先想到了什么？

他想到了鲁迅先生，想到了鲁迅精神。他发表《学习鲁迅精神》《鲁迅先生笑吧！》。他说："纵观鲁迅先生的一生，无时无刻不在战斗中度过……一直到他逝世，可能说从没有停止过他的战斗。他不但一个人战斗，而且招呼了一切有正义感的有思想的人和这些反动势力战斗，现在，他的这些战斗对象全部给人民革命的力量打垮了，而且从根本把它们铲除了！鲁迅先生生前所期待的新中国的远景，已经一步步地实现在我们眼前了，要是鲁迅先生地下有知，是应该到可以纵笑的时候了！"又说，"……现在终于完成了鲁迅先生未完成的业绩，前面的道路虽还崎岖，要跨越这一段路程，就得有鲁迅先生那种不屈不挠的精神！"

文思在他的笔端流淌。这年，父亲连续发表了《欢迎人民解放军》《这一天终于来到了！》《旧事新谈——怀念革命的摇篮上海大学》《回想到我们年轻的时候》《文艺工人》《人与人之间》《学习鲁迅精神》《鲁迅先生笑吧！》《放掉你的包袱——北行观感之一》，等等。同年7月，他被吸收为第一批中国作家协会会员及中国作家协会上海分会会员。8月，父亲赴北京参加第一届文代会，在大会上做专题发言。这次北上，是新中国宣告成立前文化界的一次大集会，父亲精神百倍，全身心地投入、兴奋地期待着新中国的诞生。

回沪后，他即时在《放掉你的背包——北行观感之一》一文中写道："在北平，常常听到一句最流行的话——'放掉你小资产阶级的背包'。"并认为，"放掉背包"的号召，实在是切中时弊的。从今之后，一切都得重新估量以前的思维方法，使自己跟上时代的步伐。父亲在北平，"接触了许多可敬可爱的模范人物""他们的一言一行会给这般未能放下背包者以启发和深思""前途是可以乐观的"。父亲满怀喜悦。

好似火热光明的太阳，

你的热力已温暖了每个人的心!

父亲的诗句表达了他期待火热光明的太阳,永远温暖自己的心。

之后,父亲奉命接任大公职业学校校长之职。后因"对机械、商科等不感兴趣,乃辞去校长职务"。应山东齐鲁大学之聘,任中文系教授。曾当选山东省文联委员、山东省文协常委等职。院系调整时,父亲没有应马叙伦部长之调到南开大学去。回到上海担任改组春明出版社的工作。任该社总经理及总编辑之职,直到公私合营,进上海文化出版社。享受行政12级待遇。

父亲是中国作家协会第一届会员,综观他的作品,笔者以为,他的散文随笔中涉及的内容,不少是他自我经历的再现,有他的人际关系、生命历程,也有时代踪迹、世态辨析,由于他的经历丰富,再现的不少是他独有的经历,很有历史意义和史料价值。2006年,我在编集他的作品时,曾把它分为两个部分:自述散文和文史随笔。前部分偏重记叙人物的回忆散文为主;后部分偏重记叙事迹的杂感为主,由上海文艺出版社出版了《庸园新集——孔另境自述散文》《秋窗晚集——孔另境文史随笔》,从他1924年二十岁时的论说文《促男女同校之同学注意》开始,包括各个时代议事论世的杂文、随想,论及鲁迅作品的感想等。这次编集挖掘出不少未刊稿,如1936年底批评文坛怪现象的论文,当时编者谢六逸已经批好格式和写好"编后附言",希望就此文再引起讨论,结果,没有发表。以后父亲在编辑《秋窗集》的过程中,也只存篇目,没有文章内容。这次依照手迹全文刊出,读者可以看到已相隔整整七十年的评论，是否还有其现实意义。同样，依照手稿排入的文章还有几篇。为了保持作品的原来风貌，在文字上概不做修改。篇幅排列各册大致都依年序，编者加设几个小栏目，以反映作者的写作历程和时代进程，较好地保存其作品具有的史料价值和文本意义，是这两部作品集所共同具备的。

值得注意的是，父亲写作的高峰期在30年代、40年代，自45岁以后，作品很少，以后几乎是空白。他一生中大多数时间是在编辑的岗位上尽职，即所谓"为他人作嫁衣"。

把做编辑工作形容为"为他人作嫁衣"，这句话的现当代首要传播者是罗竹风。他是著名出版人，1957年"大鸣放"时，罗竹风在会上鸣放了编辑工作是在"为他人作嫁衣"。一言既出，全场震动。那天，父亲下班回家，他说今天会开得好，罗竹风有句话讲得太好了，太对了，太形象了！就是指罗竹风对编辑人的形象评价。后来，批判罗竹风时，这话也成为焦点，父亲是想不通的。我以为，此话成为从事这个职业的自我奖赏，同时，也成为了他们自己不再努力写作而开脱的名言。这样说，虽然有些苛责，但事实上，父亲在新中国成立前后，花很多时间和精力在"为他人作嫁衣"。

我想，父亲在很长时间里会产生这样或那样的写作灵感，但他不再动笔。他的特殊，还在于花大量时间和精力在连续不断地作检讨，作思想改造，根本没有写作的心境，而且，即使写作也永远无法发表。他曾花大量心血写就的电影剧本《万古忠义》，编著的《五卅运动史》都成为无法面世的、束之高阁的"废品"。这样的日子久了，新中国成立后他的作品实在少得可怜。"为他人作嫁衣"也成了差强安慰自己的一句话了。

去虬江路淘宝

20世纪30年代的很多文化人喜欢淘淘古玩，我父亲和他的朋友也有这个同好，施蛰存先生就经常来我家，约父亲同去虬江路走走。父亲是个目光敏锐的人，对于搜寻古董、工艺品有着鹰一般的锐眼。当然这缘于他的文化积淀、学养和鉴赏能力，而且也是祖上喜欢的雅事。说起祖上，父亲的曾祖父在乌镇花了一辈子的心血修建孔家花园，名为"庸园"。在湖石假山之上，筑有"人寿楼"，楼内客厅悬有太史公俞曲园手书"花好月圆人寿"匾额。还收集了不少名人字画、古董石章，记得家里就有祖上传下来的物件，父亲放在案头把玩；还有不少祖父亲笔书写的条幅，现在也是珍品了。

我家附近有条虬江路，连同虬江支路，是条弯曲绵长的小路，这里是上海有名的旧货市场，据说占地2000平方米，从"一·二八事变"后逐渐形成的。自从他的姐姐、姐夫回沪，父亲帮助采购家具用品，来虬江路淘旧货之后，他知道，这里因为逃难，无家可归的人们，纷纷聚集到这片荒地上。他们搭建棚户，挑起"太平担"，走街串巷把收购来的旧物和废品，修缮整理再出售给来淘旧物的消费者。所以，在路的两边露天集市真是兴旺，可以说是各式各样旧物的聚散地。地摊上杂放着旧家具、日用百货之外，旧字画、工艺品等等也很丰富，可以说应有尽有。

每逢周日，时常有许多文人雅士喜欢光顾那里，在旧货中觅宝，在弹格路上"捡漏"。

父亲平时也常常喜欢去那里逛逛，每次还带着我们小辈一起去，除了替他拿些"战利品"，也让我们感受到买卖的嘈杂和不安，父亲却乐此不疲，用他的锐眼浏览着地摊上的旧物，对于大路货物略而走过，而对于他感兴趣的货物则"嗖"地一下停住，仔细观察，耐心翻检，讨价还价。最终，父亲总能寻觅到宝贝，喜形于色地回到家里仔细打量。

有一次，父亲淘到一只蓝釉的龙盘，回家洗净灰土后，盘底显现出的印记是官窑，虽年代已久，然而那宝蓝色的釉十分夺目，那条龙的轮廓精细极了，简直活灵活现。大约因为父亲生肖属"龙"，他格外地喜欢。把那盘子挂在书房墙上显目处，便于他得意地向客人炫耀欣赏。可惜没多久被母亲不小心打破了。以后凡父亲数落母亲的时候，总举这个例子，说她"败家精"，母亲知道他心疼宝贝，也由他去说，时间久了也算了。还有一只花瓶，那瓶是铜芯镂空珐琅彩的转心瓷瓶，大约70公分高，瓶上雕刻着"八仙过海"的故事。那八位仙人都栩栩如生，姿态生动，脸部表情各异，是精品中的精品。当时就有人愿用高价买去，虽然价格诱人，可父亲还是舍不得。他把宝贝放在书房的酒柜中间，经常让我们这群子女和他一起评品、欣赏，考考我们知道八仙中的哪几位。而我们也就只能数出二三个来，于是，话题就有了，大家欢乐在艺术知识的海洋里。后来，这个花瓶在所谓"扫四旧"时被"抄家"掠去，再也不见了踪影。父亲的心痛可想而知。

父亲对于中国字画还颇有研究，家里有好多关于古代字画的书籍和画册。他潜心研究做笔记写心得，这些文字以后有机会可以整理出来。他还请教懂字画的朋友，他们交谈起来兴味十足。有一次，钱君匋先生来我家，父亲要我去帮忙拉画轴，一张一张地展开、卷起，一边两人交换意见，评品好坏，我呆呆地站在那里帮忙，似听非听，不久，父亲叫我走了，滑脚就逃走。

父亲用他掌握的文物知识，到朵云轩去观摩，到虬江路去寻宝。果然，父亲常能发现被人忽视的好字画。如父亲曾在地摊上淘到过八大山人、石涛、赵子昂等名家的画，他知道这些便宜得来的画大都是赝品，但他觉得赝品之中确还有好坏，看他们仿得好还是不好，什么年代仿的，什么人仿的等，里面的门道很多；也有难得觅到的珍品，那更其乐无穷。当他独自欣赏评论的时候，没有对话的对象，就对我们子女说："你看这画的布局，这一笔真不错，这是败笔……"现在想来，他在培养我们的兴趣，这些评论对于提高我们的艺术修养很有好处，然而我们并不太领情，母亲还经常嘀咕，对他乱花钱有意见。

在父亲的精品字画收藏中，仕女画得婀娜多姿，老虎画得威风凛凛，钟馗画得张牙舞爪，山水画得气势恢宏。林林总总的积累，到"文化大革命"之前，父亲的字画已累计到了百幅以上。对于这些宝贝，父亲都仔细收藏，怕它霉蛀，经常轮换着挂出来，用柔软的连史纸或毛边纸包扎好。其中有幅"画大王"，父亲请人做了绸套子，配了象牙的画轴，小心翼翼地珍藏着，父亲说这幅画是艺术精品，价值连城。

还有一幅"大王画"是位清朝皇宫后裔的朋友赠送给他的。那幅画尺幅很大，足有6个平方米大小，画的是皇宫中过年的欢乐景象。画上有乾隆皇帝的墨宝，记得是一首词。每逢过年，父亲总要把那幅画悬挂出来，它占去书房的一个墙面，增添了节日的气氛，我们全家也在那幅大王画下留影庆欢。那是我们全家最幸福快乐的时光。

如今，父亲淘宝的遗传因子，在我们子女中多少都有一些。我在海外探亲时喜欢逛那里的周日跳市，它像过节一样，吸引我的有林林总总的饰品、久远时代的器皿……仿佛时空在跳跃，历史的印记就在眼前，我喜欢这样的购物氛围，喜欢不经意中发现了中意的东西，也喜欢讨价还价，在善意和精明中权衡。我是在品尝父亲当年的乐趣，并不在乎能买到什么有价值的物品，而在于寻觅宝物的过程，那一种发掘"宝物"时的喜悦，为我的海外生活增添了乐趣和色彩。这时，我想起了父亲，体味到他的爱好……

和父亲一起过年

小孩子最喜欢过新年。上上下下，男男女女，老老少少都添一岁；家家户户，说说笑笑，欢欢喜喜各过新年。我们家的新年是在父亲的指挥下，按部就班、一套一套有程序地完成。我们已经习惯了其中孕育着的欢喜、热闹和规矩。父亲是个天才指挥家，把全家十几口人调配得各尽所能、各司其职。

准备过年，首先是父亲指挥大家"掸尘"，在竹竿上绑一把芦花扫帚，往高处扫尘土，下面用报纸把沙发、花瓶、桌子等物品上面都遮盖起来，一间房一间房地轮着扫。再有，男孩子被派到屋顶上，在高处擦玻璃窗，糊窗纸条，为了不让它漏风太大。二话没说，男孩起劲地爬屋顶去了，平时是不会让他们爬的；女孩在下面运送工具、传洗抹布。高处的人与底下的人高声呼唤、交流，过年的气氛自然就出来了。

有一年，父亲派我做一件事，把在客厅里的红木雕花茶几擦洗干净后上油。他说，雕花的木器里面积灰不少，而且太干了，要给它滋润一下。用什么滋润它？父亲拿来一只碗，里面是一些菜油油脚，找出一支毛笔，嘱我一个个花瓣不漏地抹过去。果然打理好以后生辉不少，像新的一样光鲜。

这个茶几是有来历的。大约在五六十年代，周日的上午，有一位客人来敲门，是个稀客，辟面就说："你跟我去一次。"父亲看着他不解，他说，对面弄堂里有家人家正在出售很好的茶几，和收旧货的谈不拢。我让他等一下，来叫你去看看。父亲马上说："好，一起去。"这位来客是一位从山东来的叫吕荧的作家，是个父亲的老朋友，父亲与他已多年未见，没想到重逢时多出这个纪念品，这是吕荧好意送来的。这个红木茶几很高、很沉，分上中下三部分：桌面是八角形状，中间镶嵌大理石；中间是雕花的几根柱子，裙边很好看，是形态各异的花瓣；下面结实的四条腿脚上也有花纹。总之，除了美观就是结实，搬运到我家三楼的时候，花了不少力气。"文革""抄家"的时候大约因为此件太沉，逃过一劫，还在我们的老家放着。后来运到我大哥苏州的家去了。

正过年的时候，叔叔令杰的到来，节日的气氛就更浓烈了。

年三十下午到傍晚时分，大人们各显身手做拿手菜：父亲的豆腐圆子、叔叔的喜蛋、母亲的酸辣时件……我们围在边上打打小工，有时也学着做起来，可是难度真的不小，尤其是做喜蛋，把一个煮熟的白鸡蛋用手掰成两半，不能用刀切，这样两边太光滑，上面放的肉糜粘不住；用手掰两边不整齐更好。而肉糜很有讲究，各种调料放进去后，要有稠稠的很黏的感觉，这样在蛋黄上才粘得住，最后再上浆。如果用鸭蛋做更好，因为鸭蛋比较大，上面堆加的肉可以多一些。但是，鸭蛋没有鸡蛋做出来好吃。我做的喜蛋放到油锅里就散成两半了，根本不行，而叔叔总能做得妥帖，这是个细腻的活。这喜蛋一半是蛋，一半是肉，放在盘里还以为是红烧的整蛋，吃起来味道就不一般了。

年夜饭祭祖是少不了的。满满一桌的酒菜席上，多放了好几双碗筷，祖父、祖母的遗像也请了出来，燃香点烛，一切就绪后，由长子去晒台向南高喊："爷爷、奶奶来吃饭！"全家屏气听着，父亲说，不够响，再来一遍。于是再叫。我们小孩子说，他们听得见吗，会过来吗？在神秘的气氛中，我们都规矩老实了不少，大家都不能碰那桌椅，好像老祖宗真的降临……也没有人高声说话，否则要受到训斥，在庄严的气氛里，由父亲带领，大家依次向遗像鞠躬。

仪式完毕后开饭。年三十的菜最丰盛，有几样是少不了的，如塔菜如意、两头翘的大鱼、红烧鲤鱼、八宝鸭等等，都是有彩头、有寓意的，这样也给过节增添了欢乐的喜庆。

过年最热闹的是放鞭炮，我们家有个大晒台，是放鞭炮、放焰火的最佳地点。吃过年夜饭，大呼小叫的一家子人都拥到晒台上，老保姆在洗碗，母亲热切地唤她上来一起看，楼下邻居的孩子也被请来。勇敢的男孩手里拿着香烟上去点燃引线，女孩总是退在一旁观看、呼叫、拍手。父亲安排燃放数量，留一部分下次再放，大家总觉得放得不过瘾，还等着最好的品种出场，这时，叔叔发话："我出钱明天再买，今天多放一些。"太兴奋了，大家拍手叫好，欢声笑语不断。

在临睡前还有更心动的节目，那就是发压岁钱。

父亲总是拿出早已准备好的全新纸币，在红封套里放不等数额的钱。然后，我们家有七个孩子，老大、老二、老三依次上前双手领取，一边鞠躬。退出来后，轮到叔叔发压岁钱了，他可不吝啬，有时甚至发的比父亲还多，父亲在一边唱他："他有钱！"

年三十晚上，压岁钱照例是要放在枕头底下才睡的。这是一年中最高兴的一天。一直到我参加工作了，这个老规矩一直不变，不过，那时我已经不好意思要那份压岁钱了。

年初一穿新衣。母亲总能安排好每个孩子至少有一样是新的。记得有一年母亲下班回来，拉着我和妹妹赶快去附近的百货商店买过年穿的彩色袜子，那里的尺码已经断档，买了几双后，又赶去海宁路的百货店，急匆匆地怕商店打烊。那年头，袜子是棉纱做的，很不耐穿，补袜子成了我们经常要做的针线活。母亲觉着过年穿双没有补过的新袜子也很好。至今，妹妹们还不时牵我的"头皮"，母亲给我的新衣服最多，最好看。要等我穿下来再轮给她们穿。这是做长女的优势，"新阿大，旧阿二"，也是做母亲的无奈。

新年第一天，穿着新衣服，看见长辈第一句话："XX新年好！"一边鞠躬。看见老师也如此："X老师，新年好！"这是规矩。

接下去，父亲找出一只很深的海碗，玩色子，一把一把地扔，看有没有运气。叫唤没有玩过的也来一把，老保姆也不例外请来玩。还有玩牌九，玩纸牌，父亲做庄，我们押宝，刚发的压岁钱，不舍得拿出来，站在边上轧苗头，看大人们你来我往地数钱……这种游戏只有过年才玩。

发福袋也是一项节目。小妹明珠还记得那时的情景，绘声绘色地写过。父亲把准备好的各式零食，在年初一早晨集中起来，有糖果、花生果、瓜子、蜜饯、柿饼、橘子等，大约有十几种，

全家集体照

然后在各式各样的袋子里，或多或少地分派。弟妹们扒在窗框外偷觑，父亲佯装不知，然后还是"论资排辈"，老大、老二、老三上去选口袋。弟妹在边上窃喜，因为他们喜欢的那个口袋，上面几个哥姐都没有选中。父亲营造的这种节日气氛，无疑是高明的。

接下来的节目还有，现在一时还记不上来了。

大约年纪上去了，最喜欢回忆儿时过年的情景，写着想着高兴起来了……

"好儿女志在四方"

我的父母亲有七个子女，老大是1939年出生，最小的出生在1954年，前后相差十五岁。父亲的教育方针是"无为而治"。我们始终觉得他们平时很少关心我们的学习成绩，只有到了学期结束，孩子们总是给父亲送上成绩单，上面有老师的评语。他在写字台前坐着，手里拿着这个成绩本子，严肃地扫了一眼后，说上一二句表扬或者批评的话。这也就过关了。然而，在吃晚饭的时候，全家人都围在餐桌边，父亲要总结性地说一通话，得到表扬的孩子，父亲会夹上好菜；成绩不理想，甚至开红灯的，往往低着头，不敢注视他的脸色。父亲有着他的威严。

哥哥比我长三岁，平时成绩不错，但在1957年的高考时，把志愿填得太高而落了榜。父亲没有责备他，那年高考录取的比例很低，鼓励他来年再考。没有多久，上海号召知识青年"上山下乡"，哥哥是共青团员，受到时代的鼓舞，他与父亲商量，得到父亲的支持，成为第一批去了安徽参加社会主义建设的知青。父亲的想法是"好儿女志在四方"。

父亲说起自己亲身的经历，上海大学还差两个月毕业，就去了广州参加实际工作，那时的社会环境很复杂，甚至险恶，然而年轻时他跑过中国不少城市，在社会的大熔炉里受到锻炼。他教育大哥以后还有就学的机会，并要求他在外地坚持下去，努力学习和工作。那时，父亲与大哥的来往通信很多，大约也是最为关心子女成长的时候。后来，大哥业余读函授大学，从一名工人，当上了技术员、工程师，当选了蚌埠市的人民代表。他的进步向上，父亲感到很欣慰。

我的大妹在复兴中学高中毕业，但高考没有考好，落榜那年，父亲认为如学得一技之长，如财务会计、汽车驾驶等，都能自立生活。还让她当父亲的助手，有段时间每天去上海图书馆抄写五卅运动的资料。可是她并不安心于此，不久参加上海市团校学习后远赴新疆，当上那里建设兵团的一员，那已经是1964年了。

记得欢送她去新疆那天，我们全家出动去火车站，大妹身穿军装，胸前戴着大红花，手捧鲜花，在锣鼓喧天中，满脸笑容地与送行的人们话别。父亲替我们照相，人群中还有父亲的好朋友鲁思一家。当火车起动时，一片哭声从车厢里传出来，大妹并不动容，仍喜洋洋地挥臂告别，豪迈得很。送别孩子后，父亲若有所失，然而看到女儿兴高采烈地离别也就释然。这一幕父亲日后时时提起，这是她自己选择的路。确实如此，大妹政治上要求进步，很快加入了中国共产党，多次被评为优秀共

父母亲1956年虹口公园合影

产党员;她工作热情高涨,待人宽厚善良,乐于助人,群众很支持她,不久在阿克苏毛纺织厂任车间主任,以后在西安毛纺织厂任技术副厂长,群众威信很高。她是我们家最为吃苦,受奖最多,最为光荣的人物。

记得临别前夜,父亲在她的留言纪念册上题字:

"学校遍天下,群众是老师;只要志向坚,不怕学无成!——爱女胜芳,万里远征,聊缀数言,以志嘉勉之意。孔另境 1964年6月14日端阳。"

母亲的题字却能体味出当时的许多酸楚。她写道:

"芳儿牢记:三思而行,三思而言,多看别人优点,少看别人缺点。——你的妈妈留言 1964年6月21日。"

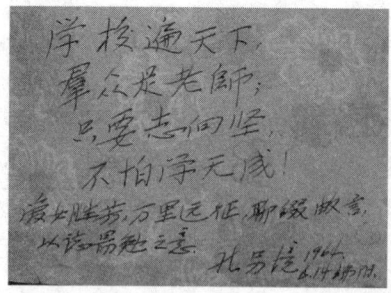
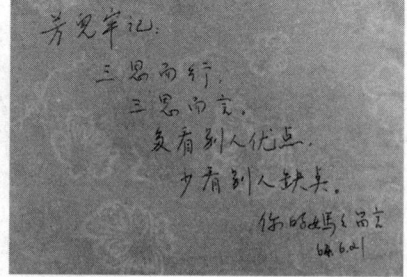

父母亲给大妹胜芳的题词

母亲的话说出了她的担心，这源于父亲的教训。在出版界父亲是有名的"大炮"，他喜欢提意见，口无遮掩，直言直语，被认为是个思想有问题的人。对此母亲很苦恼，担心孩子没有社会经验，也学父亲心直口快。其实，父亲本心很善良，思想一贯前进，只是没有"三思而言"。女儿要去新疆"干革命"，父亲理解孩子的热情，因为他也曾经年轻过。然而，这也是无奈。父亲不愿为自己的孩子低头找人托关系，哪怕他帮助过很多人在上海找到工作……

　　平时，父亲对我们子女很严厉，从不姑息迁就，他说在为国家培养有用的人，"孩子是国家的"。其实，他的心很软，看到孩子吃苦心里很难受，也很无奈。我记得很清楚，这一幕很难忘：大妹从新疆回沪生育，父亲很挂念，早早地在临街的阳台上焦急地等候，希望尽早地看到她一眼。当看到大妹坐在三轮车上，挺大着肚子，身边还有个小女孩，行李一大堆，虽然穿着新军装，留两条极细的辫子，行动非常不便。父亲说："瘦弱多了……"一边流下了眼泪。这是我亲眼所见。在这一刹那，坚强外表下的父亲很慈爱，他体味到女儿只身边疆生儿育女的艰辛。还有……

　　"文革"中有一条政策：家里有一人去了农村，就有工矿的名额分配。可是，我们家除了上面介绍的两位去了外地，只有我学校毕业分配在上海工作。其余在"文化大革命"中陆续有四个孩子毕业，可是一个工矿的名额也没有，三个去了郊区的农场，一个去了江西"插队"落户。理由是"家庭出身不好"，子女更需去农村锻炼。

为了孩子的前途，不要因为他的所谓"政治问题"受到牵连和影响，父亲晚年独居在家中，没有一个亲人在身边。在他临终前八天的最后一封给长子的信中，还让在外的儿子宽心，他说："关于我的病，比以前确实好了一些。"然而也诉说："现在家里没有人，去看病配药非常困难，我现在只能过一天算一天，长远计划定不出来。"只说："你有出差的机会，可以来上海。"

父亲限定儿子"有出差的机会"，不要求子女们放下手中的工作，来到他身边照顾，不想影响到他们的前途。信末还说："写不动了，到此为止。"说明他连握笔也感到吃力，这是一个实际的危险"信号"，他的长子至今后悔竟没有体察到他身体衰弱的程度赶回上海。其实，他诉说的是"风烛残年，油灯快要熄灭了"。他是一位坚强的父亲，不自私的父亲，只为子女考虑的父亲。

就在写出这封信的七天后，父亲突然病重，刚从"五七干校"回来休假的母亲把他送进医院急诊，却只能躺在地上，除了查他的政治身份，还要交医疗费用的保证书，拖延着没有及时医治抢救。我只得赶到位于打浦桥他的退休单位，恳请单位负责人签字，他们上楼商量，久久不来答复，等候时我伏案大哭了一场，最终他们还是因为"原则"，不肯签字同意医药费的问题。我赶回医院，仅仅一天父亲便撒手人寰。子女中只有我这个长女为他送的终。他留给我的最后一句话："海宝，爸爸不行了，不想活了……"

写到这里，我的泪水哗哗地流下来，忘不了这一幕！

政协会上的一次发言

大哥建英曾写过一篇文章,介绍父亲参加上海市政协会议时的一次发言。这件事我也有印象,大约在20世纪60年代初,会上父亲对"袋袋户口"问题发表自己的意见。当时户口问题是大家很注重的实际问题,尤其是大上海的户口,控制很严。他说,前几年有许多知识青年支援外地建设,然而由于种种原因,如生病或有实际困难等返回了上海,他们年龄都不大,或刚离开学校不久。返回上海后却久久不能落实户口,成了"袋袋户口",更谈不上参加工作,这样影响了他们的学习和生活,整天游手好闲,社会上这批人多了,不安定的因素也多了。

"袋袋户口"就是没有户口,也就没有政府补贴的柴米油盐的供应额度,没有各种票证。他们在上海生活不仅拖累家庭的供给,而且造成他们巨大的精神压力。父亲认为这个社会现象已经很普遍,建议政府要下决心解决。

父亲的这番发言引起了市政府的重视,派员来了解具体情况,并提出你家是否有子女在外地?是否有实际困难回沪?如有困难政府可以考虑照顾。父亲说,我提意见并不是为了自己的子女,虽然我有两个孩子,一个在安徽,一个远在新疆,生活很艰苦,但不要照顾。关心青年成长,了解他们的实际困难,即使他们有思想问题,害怕吃苦,也应该帮助他们。"袋袋户口"这个社会现象希望引起政府注意。说着说着,父亲对那位派员说起了姓罗的朋友家里的具体情况,那罗家住在附近的虬江路上,是丰子恺先生介绍来见父亲,要求帮助找工作。他因为历史问题"发配"到青海，身体不好回沪，一直没有固定工作，父亲曾介绍他到出版社做个社外编辑，他的学问不错。罗姓的女儿受父亲问题的牵连，在家待业已经很长时间了，他们家的生活的确很困难。那位派员做了记录后不久，朋友的女儿得到了有关方面的关心。

我们家是不允许"袋袋户口"的。父亲在学习上并不怎么管教我们，他说在学校有老师教就可以了，我们国家最需要的是中级人才。孩子不是私有财产，孩子是国家的。"孩子是国家的"这个观念，是当时五六十年代做父母的共识。

父亲对子女的态度从不娇惯、宠爱，更不溺爱。态度常常是严厉的，在他的威严下孩子们都很怕他，孩子的同学只要听到他上楼的脚步声，简直可以说是"屁滚尿流"，拔脚就逃。其实，他的心很软，看到孩子吃苦心里不好受；理智又让他觉得年轻人受点苦难，对他们成长有利，鼓励他们坚持在外地和农村建设国家，更因为他保护不了他们，所以常说："孩子是国家的。"

他不允许做假，无病呻吟，也不为孩子托关系找门路。我们家七个孩子，只有我一个从学校毕业后分配在上海工作，其余六个都在外地和郊区农场，从来没有因病假赖在上海不去农村劳动的；即使自己病重也不要求子女回来陪伴照顾自己，怕影响他们的前途。孩子每次回沪休息，他总问清楚假期，上交这几天在家吃饭的油粮票，一点也不含糊。他知道孩子嘴上不说，"腹诽"总是有的，他会说，我管理这个大家庭容易吗？每个人都要学会自我管理票据，合理安排。在他的培养下，我们子女成家后大都记有家庭开支的账本，打理收支账目，成为习惯。

我以为都是父亲培养教育的结果。

妹妹乃茜回忆，1966年8月，她就读的复旦附中开始停课，学生开始了"大串联"，她和同学一起去了兰州大学，回学校后"文化大革命"开始了，掀起学生斗老师、学生斗学生的运动，因我们不是工农兵出身，被勒令付"大串联"的车费。妹妹知道家里的经济已是岌岌可危，当她忐忑地把这事告诉父亲时，父亲一句埋怨的话也没有，马上拿出钱让她付掉，父亲不要女儿受委屈，不要女儿为了钱的事而担惊受怕。

妹妹乃茜曾说："年轻时对世事不谙，不懂经济对家庭的重要，不知道父亲安排家事的困难。考高中时父亲想让我考中专，考大学时又想让我考师范，我十分抵触，万般不愿意，现在想来真是唏嘘不已。每年寒暑假快结束要交学费了，父亲就开始伤脑筋了，四五个孩子的学杂费是一笔很大的开销，我是住读，还要生活费，所以父亲想让我念不要学费、还有生活费的学校，可以减轻点压力。但是我哪会体谅父亲的难处，只知道随自己的心愿。"

其实，她是家里子女中最懂事的一个。

第十章 在"运动"中沉浮

"漏网大右派"的由来

在"反胡风运动"时,上海作协上报的简报上说:"还有少数人公开表示胡风的文艺思想是对的,认为对胡风的斗争太过分了。"其中提到父亲就是这少数人。他在中国作家协会上海分会讨论会上说:"现在发表的批判文章千篇一律,没有超过林默涵、何其芳的论点。"同时他又说,"林默涵、何其芳的文章早就被胡风驳倒了。"

父亲的这些发言是他内心思想的表达,他耿直、坦荡,不为外力所左右,直抒己见,无所畏缩。其本人并不知晓、也不会介意有人向上报告他的发言内容这回事。

1957年3月,父亲代表出版界参加全国宣传工作会议,回来后又参加上海宣传工作会议,会上做关于通俗文艺的发言。"大鸣大放"不久即进入"反右整风"阶段,父亲作为所在出版社第一个被斗争对象,在无数次大会小会上被迫检查交代,写自我检讨近十万字。然而,性格直爽、作风坦荡的父亲态度强硬,面对压力,没有做过的事坚决不承认。一年多以后,父亲虽然没有被定为"右派",但"漏网大右派"的帽子却一直跟随着他,历次"运动"中他不断地被重点"批斗"。于是,他一边检查交代,一边又不断地申诉,精力和锐气渐渐耗尽。

"文革"中披露过一则材料,即上海文化出版社"反右"大事记。这材料被父亲看到了,他亲自摘录了有关自己的一些内容,共有五项。这份抄件在我的文件资料夹中,不妨抄录,也能看出一些上海出版系统当时"反右运动"的概貌:

1957年3月27日

伟大的"整风运动"开始,社内李小峰、孔另境、许君远、黄嘉音等一伙,利用党整风的机会,大放厥词,散布谬论,猖狂向党进攻。孔另境在开宣传部召开的座谈会上,公然提出"只有多发展几个民主党派成员,才有力量互相监督。"又说:"私方转来的一般都是副职,有职无权。""人事材料公开出来,有关人事方面的决定,应与编辑部商量。"……

6月20日

我社"反右斗争"烈火越烧越旺,贴出大量"大字报",声讨资产阶级右派分子,孔另境在石西民的掩护包庇下,竟溜到苏州去搞"创作",以对抗反右斗争。他写给整风领导小组的信件中狂妄地说:到苏州是"迁地避嚣,正养身与写作两全之道。"公然骂全社革命群众与他作斗争是"嚣"。

6月21日

我社"整风"领导小组发文给旧市委宣传部副部长陈冰,旧出版局副局长汤季洪,反映工会委员会对孔另境抗拒运动的意见,并要求发动全社职工对孔另境"反党"言行进行批驳。

而上海出版系统整风领导小组于7月2日对孔另境竟胡说:"孔另境在政治上尚未发现有何'反党'活动,在某些场合下还能表示拥护党的政策。"另一方面,不得不假惺惺地说:"但孔的品质恶劣,个人主义严重,在平时言行中对党有不满情绪。"结论却是:"是否划为'右派分子'处理,值得重新考虑。对孔的错误言行应继续严格进行批判,其创作假暂不停止。"

10月21日

出版局整风办公室批示:"你社孔另境,经宣传部领导小组研究,决定不列为'右派'。"

10月25日

我社整风领导小组根据全社革命群众要求,向局整风办公室指出:"孔另境应划为右派。"而局整风办公室仍批示:"仍按宣传部意见,不列右派。"就这样将孔包庇过关。

以上五段,充分说明1957年的"反右运动"在文化出版社中,基层多次上报到出版局整风办公室、市委宣传部等上级部门,据说,当时上报18名"右派"戴帽名单,孔另境是排第一名,然而,只有孔另境一人上级没有批准。上级认为"孔另境在政治上尚未发现有何'反党'活动,在某些场合下还能表示拥护党的政策。"坚持"仍按宣传部意见,不列'右派'。"其余17人统统戴帽。就这样,孔另境没有戴上右派帽子。这也就是"漏网"这一说的由来。

父亲当时并不知晓这个过程。他在胡炎领导的文化出版社"整风运动"中,是第一个被点名"批判"的对象。我记得在"反右整风"过程中,晚上下班回家,父亲常常把书房的门关起来,或有人来通报消息,或大人讨论如何检查过关,不让我们小孩偷听。然后,我们总能感受到大人们很紧张,连说话声音也小了许多。后来,父亲也做好了全家离开上海到青海去的准备。因为当时"右派分子"大都被迁送到青海省去了。所以,以后从青海回来养病的一些文化人,父亲很同情他们,也帮助他们,因为他与他们一样"有罪",没有陪同他们一起在青海受苦。如果当时他也被"发配"到青海,身体肯定受不住。这是他经常平心而论对我说过的话,由此,他感谢这次"漏网"。然而,在以后的日子里,他精神上受的苦,并不比已经"戴帽"的"右派"来得少,或者更为激烈。因为"运动"不断。

在出版文献资料编辑所工作期间,领导人是方学武,当时,"阶级斗争"的弦是绷得很紧的,矛头也一直有所指认,使所里许多人体会到"表面上称你'同志同志',而他们心里却一直叫你'敌人敌人'"不寒而栗。试举一例:当时的领导针对性地在一批所谓"有问题"的对象周围,包括父亲的周围"布置了大批的'暗探',把你的一言一动罗织成一条'莫须有'的'反革命'罪证"。这并不是"大批判"中的虚妄之言,我的同班同学当年分配在这个单位,安排在我父亲的对面坐班,对他布置一项任务就是注意孔另境的动向,甚至孔与什么人通电话,也要向上级报告,还定时找他们了解"对象"动态。这种特务式的行径,注意你一言一行的"阶级动向",有效地掌控在群众手中,随时可以对你进行"批斗"。正因为你没有被戴上帽子,却随时可以再给你戴上。父亲说:"要是你是一个不善于隐晦的人,他们的成功更会快些，这样，一旦他们罗织成功，连你自己还不觉得，已给他们定为'反革命''右派分子'或'串通外国的特务'了。"在这样的环境和气氛之中生活，身心交瘁，精神上的压抑是不言而喻的。

"反右"期间，父亲的"迁地避嚣"一说，造成的影响很不好，后来我在宋原放先生那里也得到证实。晚年的宋原放住在华师大的普通的宿舍里，有一次，我拜访他，请他谈谈父亲。他们在1956年同去北京出席宣传工作会议期间同游颐和园，家里有他们的六寸大的合影照片。因为事先有约，所以，没有说上几句话，宋原放就记起父亲的这句"迁地避嚣"的话。他很兴奋地介绍，父亲信中说"迁地避嚣"，是引起公愤的。大家看了他这句话以后，简直是炸了锅，议论纷纷。当时"运动"很激烈，你说这样的话，等于否定"运动"，说群众与他作斗争是"嚣"。可见这句话给宋原放的印象很深。说着我们都笑了。父亲是极有个性的人。说话很不合时宜，只顾自己一时的个人感受，口舌之快，毫无城府可言。现在想来，这句大胆的话，在当时这样高压的形势下，振聋发聩，不仅深刻，而且难得。充分表达他对这场反右运动的不屑一顾。

当时"整风办公室"多次批示："仍按宣传部意见，不列'右派'。"其理由是："孔另境在政治上尚未发现有何'反党'活动，在某些场合下还能表示拥护党的政策。"这样的说法是缘于宣传部领导掌握政策，了解父亲的光荣历史，他为革命曾出生入死。了解他拥护新中国，热爱新中国。

他庆幸自己"漏网"。其实，他的政治生命就此结束。

1986年，茅盾研究会在南京召开国际研讨会，有位资深的茅盾研究专家，捷克的汉学家高利克也来与会。我第一次见他，他得知我的姓之后，问我，认识孔另境吗？他还好吗？当我告知他我的身份，他很高兴，又遗憾没能访问到父亲，因为在"文革"期间父亲已经去世了。承他相告，他在1958年来中国收集茅盾资料的时候，曾到上海想访问父亲的。但是被有关方面拒绝了。究竟怎么回事？我很想知道。于是提出会议休息时带录音机访问他，他接受了。

他说，那年他从北京到上海，向上海作家协会提出要求访问孔另境，那位接待他的是王某某。我知道王某某是复旦大学中文系的老师。王对高利克说："此人'反右运动'期间问题严重，不宜会面。"拒绝了他。于是他求其次，要见其弟孔令杰。这位弟弟他见到了。高利克说："孔另境与茅盾的关系更深，在很多历史时期，他是见证人。很可惜失去了这次见面的机会。"

1959年，父亲任上海文艺出版社编审；1960年底筹备上海出版文献资料编辑所，任编审。此后报刊上再也没有刊出他的文章。1961年，父亲获准一年半创作假，根据自己的亲身经历，在家埋头撰写50余万字的《五卅运动史》，但此稿最终没有出版。

在"文革"中受难

父亲于1965年7月年满60周岁退休。之后，虽然赋闲在家，但仍难逃噩运，"文革"中凡有"牛鬼蛇神"受批斗，父亲作为出版系统的"死老虎"常被拉出去陪斗受辱。

何满子先生曾与父亲同事,他认为:"孔另境最大的特点是为人耿直,脾气倔强,这是凡与他交往过的人共同的评价。他又是20世纪30年代就和文坛的头面人物交往过来的,那种小丑当皇帝的恣肆之态既为他所嫉恶,也根本不放在他眼里,于是孔另境与这种人水火不相容。'反右运动'的机会来了,孔另境便被狠整,大会小会的批斗不已。"据何先生所知:

> 孔另境被批判追究的"罪恶"作要有三条:一是"反右"前夕在北京作"反党串连"。事实是这年春天他曾作为上海出版界的代表,赴京参加全国宣传工作会议,只是他因事在北京多逗留了几天,没有随上海去的人一道回来,这就成了"非法活动"的罪状。二是"为胡风反革命集团鸣冤叫屈"。罪证是,孔另境曾向人说:光凭舒芜提供的那些私人信件就定性为"反革命",是证据不足的。我猜想,这话可能孔另境确实曾经私下说过,当时审事明理的人有这种看法的不少,不仅孔另境一人。只是孔另境心直口快,熬不住就说出口来了。三是历史问题,追查他三十年代在天津时被国民党反动政府逮捕那起子事,硬说他是变节叛卖了才出狱的。事实是,他的出狱是经鲁迅请许寿裳向汤尔和设法找路,由汤向当局交涉的结果,《鲁迅全集书信》中收有关于此事的致许寿裳两函(320817、321025)可证。但这类事向来是最难说清楚的,孔另境大概被缠得够呛。

> 但孔另境也真够顽强的,就在我也在批判之列的一次全

出版系统大会上，会议主席的讲话里也提到了孔另境，说他"顽固抗拒"之类。孔另境公然立即起而当面抗辩。在那个严峻的气氛下，大概只有孔另境才有这样的胆气，令与会者都十分骇异。大概由于市里的干预，孔另境没有被戴上"右派"帽子，可是孔另境的境遇并没有好多少，他大概仍属于"内控"之类，因此，后来就被调到了上海出版文献资料编辑所。这是一个另类分子的收容所，新闻出版系统的右派和有点问题的人都被集中在那里，如徐铸成、尚丁、李小峰、刘哲民、秦瘦鸥、俞鸿模等人都调入该所。我于1964年春，经当时市委文教书记石西民的干预，从宁夏调回上海，也顺理成章地分配到"文献"，和孔另境成了同事。

当时我有"胡风分子"和"右派分子"两顶帽子，境况极为尴尬，人们避我如蛇蝎。孔另境是少数不对我摆"阶级斗争面孔"的人之一。他和原出版界的老人李小峰、俞鸿模等人一样，每周只到社办公一两天，平时在家学出版史料，所以我和他会见次数并不多。好像在我到所后的一年多他就退休了，更不经常到社。但每次来，都来同我打个招呼，有几次在午休时则一同上街散散步，劝勉我"不要自卑，该写什么还是写，哪怕目前不能出版"。但说这些话时他自己也摇头叹气，可见一面给我打气，一面自己也是茫茫然无可奈何的。

接着是"文革"爆发，所里"造反派"声讨孔另境的"大字报"，谥他以"漏网右派"和"资产阶级走狗"的恶名。"红卫兵"抄了他的家，这是我在看了他贴出抗辩的"大字报"

才知道的——公然在那种"造反"气焰下敢于出来答辩,当时也是十分轰动的事,这事也很能表现孔另境特立孤诣的性格。于是,他被揪回所里来"批斗"。

那是我被"红卫兵"押送回乡的前夕,我亲眼看到"造反派"按他的头,而他倔强地不肯低头的一幕。这也是我最后一次见到孔另境——12年以后的1978年,我重返上海时,得知孔另境已经弃世,他在"文革"中所受的摧残可以想见。

我和孔另境不是很熟悉,说实话,除了抗战前夕在报上读过若干篇他纪念鲁迅的文章外,他的作品我也几乎没有读过。他比我长一辈,亲炙过鲁迅,确实有鲁迅所说的"硬骨头"的风范。这在我和他的有限的接触中,在"反右"时期的"文革"之初的他的表现中,也给我以明确的相当深刻的印象。在一个时代知识分子群体沉沦、失语的时期,他的抗争精神虽然影响不大,但在我看来是弥足珍视的。[①]

被"抄家"、贴"大字报"后,父亲心中不服,拄着拐杖(腿疾是被押日本宪兵司令部时落下的病根)到单位去贴《愤怒的控诉》"大字报",指出被抄物品中有金质毛主席头像、毛主席书信、鲁迅先生书信等,被作为"四旧"抄去是不对的……于是他又招来更多的批斗和再次"抄家",前后"抄家"五次,家中一贫如洗。全家每月只得生活费40元,父亲应有的医保待遇也被取消。

---

① 何满子:《回忆孔另境》,载《孔另境先生纪念文集》,上海文艺出版社2014年版,第57页。

我们家在 1966 年 8 月 31 日被"抄"。这件事至今记忆犹新，因为那天深夜是我开的门，一阵训话之后开始"查抄"父亲的家，可是，对我亭子间小屋的书籍和物品也一一"查抄"，并检查我的日记和私人书信。毕竟这时我参加工作已经 5 年，应该区别对待，要讲政策，这是我的想法。当我对"造反派"头头表示这个不满意见后，他们认为我态度不好，不支持这次"革命行动"。第二天，到我单位贴了关于我的第一张"大字报"，大骂我这个孝子贤孙。就此，我也成为在单位被贴"大字报"的对象。这是另外的话题。

那么，为什么在最初的"抄家"以后，父亲还想据理力争？他在检查书《我的检查》一文中讲到他当时心里不服，才拄着拐杖去出版文献资料编辑所交自己的小字报，后来，单位里把它抄成"大字报"，贴出来以后引起革命群众的不满。引来更为严厉的批斗和"抄家"，"抄家"后在楼下后门贴了这张"大字报"。父亲出于自尊，没有仔细看过"大字报"的内容，他对儿子说，你去把这些文字抄录下来，我要知道上面写些什么，所以才保留了下来这份原始的记录。"大字报"贴出后，里弄里熟悉的邻居悄悄地向我们劝说："对孔家伯伯说，识时务者为俊杰，何必去做无谓的反抗。"这话传给父亲听后，他叹了口气说："真没有说理的地方。"他是个犟脾气，又很迂。

父亲生有七个子女，长子 1958 年响应国家号召"上山下乡"去了安徽；长女 1961 年新闻出版专科学校毕业后分配在书店工作；次女 1964 年支援边疆去了新疆生产建设兵团。下面四个子女都在"文革"中毕业，全部被分配务农。母亲去了"五七干校"。

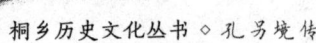

父亲老来孑然一身。

由于父亲的社会经历丰富、人事关系很多，"文革"外调人员经常前来调查，父亲坦率、正直，有一说一，不肯昧着良心按"造反派"的说辞乱说，由此多次引来粗暴对待，但他被打倒在地也不改口供，愤怒对峙。对此，母亲和我们孩子都很害怕。

眷恋乡土的惨淡之旅

在父亲的七个子女中，从小时候起，我是随父母回浙江乌镇故乡最多的一个，自然，作为长女，体验也会多一些。虽然如此，对故乡的亲近，最多的还源于父亲所讲述的故事，以及读他描写家乡亲情的文章。

他生平最后一次踏上故乡的土地，是在非常年代的1967年秋，他突然想只身做一次故乡游。不知是为了逃避什么，还是为了冥冥之中的家乡情结，想做一次最后的告别。这是一次悲壮而惨淡之旅。确实如他预料，从这次回乡以后，他再也没有自由，没有体力，为自己安排回乡的行程。

那天，我在匆匆吃早饭准备上班，他说想出门走走，今天就走。来不及询问为什么，去哪里。母亲说他到乌镇去了。就在他离沪两天之后，他退休前的单位想到要"批斗"他，或者要他作陪斗，却找不到人。于是兴师动众找到母亲和我的工作单位，以发现"阶级斗争的新动向"的说辞，分别找我们谈话，严肃地要我们交代父亲的去向。"造反派"声称要追到乌镇去找到他，不会让他太平，押回上海严厉"批斗"。

在这之前,父亲自称是"死老虎",而且退休在家,现在批斗的都是"走资派"、"当权派",轮不到"批斗"他。他想"移地避嚣"离开上海几天。

天真的他好不容易踏上了故乡的土地,一心想求得安静的他,到了乌镇没处投奔,亲戚们自身难保或明哲保身,谁来理会一个来逍遥的老人?他继而转向去了硖石,那里有孔家的一户亲戚,住在一家小旅馆里。造反派跟踪找到了他,把他押送回来。

关于这个被押送的过程,父亲以他曾"身经百战"的历史经验,幽默地告诉我们:"造反派"找他还是颇费周折的。并说在押返途中,两个"造反派"在火车上盯得他很牢,生怕他自杀,待他又非常客气,差一点"称兄道弟"。父亲脸上露出狡猾的笑容,好像老鼠捉弄了一回抓他的猫。其实,更为严厉的"批斗"从此开始。

老年又一次被拘

父亲人生中最后一次坐牢,是最让人伤心、难过的,毕竟他年纪大了。我们也长大了,有记忆了。

记得那是1968年的一天晚上,我们都在家里,在居委干部带领下,来了两个大汉,便衣打扮,他们对父亲说:"你跟我们走一趟。"叫父亲带上牙刷毛巾之类的东西,也不说带他到哪里去。后来通知家里人说是关到虹口分局的地方去了。家里人想,父亲去交代一下问题就可以出来的,没想到他一关就关了七个月

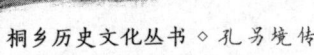

之久。

　　我父亲有严重的糖尿病，需要每天打胰岛素，没药物治疗很危险，但关在看守所没有这个条件。后来听说他曾到提篮桥的监狱医院里面也去住过。糖尿病患者还需要营养，父亲被关押七个月，因为营养不够，全身出现浮肿，他的手掌皮都能剥落下来。这个皮他放在《毛主席语录》的夹层里面，后来带了出来。因为七个月以后他被"保外就医"，我在小红本的夹层里面发现了它，不知是何物。我问父亲，他说是他剥落的手掌皮。我简直不敢相信！而它又明明存在着，有两块手掌皮，是基本完整的手掌皮。我最早发现它的时候是透明有弹性的，还连着一根根手指皮，而手掌心部分是完整的，上面纹路都有。现在这两块手掌皮都陈列在孔另境纪念馆的橱窗里，在乌镇。它们见证了那个时代知识分子的一种境遇。

　　"牢里望天，天觉小，不似囚外，胜似囚外，大风大雨我不怕。"1968年9月父亲在狱中所写的诗词，折射出一个老知识分子的性格和信念。他很刚强，也很乐观，对所遭受的不公正待遇能淡然处之。他出狱后曾对我说，在里面他还能抽烟。一般的罪犯是不让抽烟的。父亲的烟瘾很大，能让他抽烟，对他来说，真是额外的开恩了。他总是讲一些好的方面给我们听。他被关押的时候还写明信片出来，希望我们给他带一点什么东西过去，如天冷了带棉袄、带鱼肝油之类。那些明信片现在也都陈列在乌镇的纪念馆里面。

　　父亲在拘留所里面写诗，因为没有白纸，就写在《毛主席诗词》上面空白的地方，写了《囚中词》。有一首他说到四次坐牢：前三次坐牢我义气很爽，人家看到我，我觉得很骄傲。这第四次坐牢，可能人家要笑，他说："待到春光老，看我不逍遥。"从诗中，可以看出他还是很坦荡，认为自己不会有事。

囚中词手迹

拘留所里面的条件很差，加上父亲已经上了年纪，还有病。关了七个月，最后糖尿病使他的腿部溃烂，形成很大一个洞，连骨头都能看得见，还往外流脓水。拘留所见没法关他了，就用"保外就医"的名义，把父亲给放了出来。父亲出来的那天我在上班，我的一个弟弟和一个妹妹就到虹口分局去接父亲，只见墙角水泥地上坐着一个老头，就像乞丐一样，腿上淌着脓水，

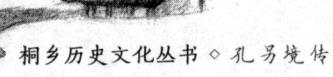

无法站立,根本认不出是我父亲。父亲后来说,在牢里面,一起关押的人不愿意和他住在一室,把他推在地上,他睡也没法睡,一直坐在那边,生命垂危。就这样,父亲最后一次走出了牢狱。

"文革"当中,父亲每月只有40块生活费,医疗费不能报销,我们家有七个孩子,生活本来就很艰难,自从他被关进去以后,连40元生活费也没有了,只能靠我母亲在出版社任校对工作的微薄收入维持全家。我父亲从监牢里出来的那天,我妹妹乃茜和父亲坐在三轮车上,我弟弟伟成在后面跟着跑,到家后弟弟把父亲背上三楼的家里,把父亲的腿搁起来,用一个痰盂放在下面接脓水,一下子就接了半痰盂的脓水,疾病严重到无法医治的地步。这时候,医院里根本不收从牢里放出来的病人,只能自己在家想办法,幸亏父亲有个当医生的朋友,赶快把他请过来。那个医生姓唐,至今我们仍很感激他。唐医生说只能"死马当活马医",他每天上门来打针,还教我妹妹怎么敷药,怎么消毒,怎么打针……最终父亲是在自己朋友的帮助下才活下一条命来。

医院没法进,也没经济条件看病,但要控制糖尿病,还要增加营养。所以我这个长女在当时就只能写信向我姑父(茅盾)求救了。我告诉他,父亲现在已从大牢里面放出来"保外就医",没有政治结论。放出来后要治疗,但医疗费现在没有,费用又很高,我们家现在很困难。

姑父似乎也没法出头讲什么话,他只能在经济上给予我们一些资助。至今,我仍保留着姑父的这封回信。他每个月给我汇寄30块钱,我们全家都很感激。记得当时我妹妹每天要洗带有脓血的纱布,晒台上到处晾着用过的旧纱布,太阳晒过以后,妹妹又用熨斗烫纱布绷带以消毒,总之,怎么节约怎么做。后来,父亲的这个脚是残废了,但伤口居然渐渐缩小,父亲的心情似乎也好了起来。

父亲感觉身体稍微好些了,便开始整理家里的照相本,他喜欢照相,老照片很多,他整理了一个照相本,在上面他写了这样一段话:"人是感情的动物,也是理智的动物。因为有感情,所以不能忘记过去;因为有理智,所以认识现实和理想将来。"这时候他刚从牢里出来,吃了很多苦,还能说这个话,并且教育我们子女跟上时代进步的步伐。

1972年,在我们家属的多次争取下,虹口区公检法给父亲的最后判决书上说,对父亲的问题作为"人民内部矛盾"处理。父亲在生命的最后五个月里,还写申诉信说,既然我是人民内部矛盾,你那个"抄家"物资,怎么抄去那么多才还我一千块钱?你怎么把毛泽东的像章、鲁迅写给我的信、毛泽东的信,都作为"四旧"抄过去了?你应该还给我。他的性格就是这样,非常刚硬,对不合理的事要据理力争、要抗争。

父亲于1972年9月18日去世,我即去信向姑父报告。次日,姑父即有唁函与我,全信如下:

> 海珠内姪女:前复一信想已收到,顷得电,惊悉汝父逝世,不胜哀感。前阅来信,述其病情,我料其不治,因其情况与汝姑逝世前一个月颇相似也。但想不到快至于此也。幸本前

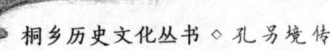

此已蒙领道上做结论,盖棺之前,则已论定,汝父撒手时想可无憾于衷也。我因衰病,动作不便,未能赴沪吊唁,兼与韵嫂及汝等一晤,殊为抱歉,特此函唁,并致敬意。

姑父雁冰　九月十九日晚

茅盾吊唁信函

父亲终年68岁,一生四次身陷囹圄,68个春秋历经霜打雪压,练就铮铮铁骨、刚强意志。他是中国共产党早期的党员和作家、出版家,坎坎坷坷,一路走来,他究竟经历了怎样的人生路?回想起来感慨万千。

在他的"平反"追悼会上有不少挽联,选刊他的老朋友的几联:

第十章 在『运动』中沉浮

老年孔另境 摄于1971年和平公园

另境老友千古

五十年共济和衷历几番风雨肝胆时时相照

他日向泉台卜邻定必悲欢重叙

十余载并罹劫难如一场噩梦魂泊夜夜同惊

今朝若天外有知齐当愤懑全舒

许志行　吴力生同敬挽

悼老友孔另境兄

平生耿直气豪雄　治学谨严色色通
下笔务期利社稷　辑书亦足济农工
横遭迫害成冤案　定有阴谋出众凶
今日澄清应悼念　不堪惆怅憾无穷

陆澹安

悼念另境同志

坦荡胸怀不脱文人本色
宽宏气度长留达士高风

秦瘦鸥敬挽

第十一章　沉冤终得昭雪

1979年6月，父亲的"平反昭雪"大会隆重举行。1983年10月，父亲的骨灰安放仪式在上海龙华烈士陵园举行。10月20日《文汇报》第二版刊登"孔另境骨灰安放仪式举行"的报道。1995年5月母亲金韵琴去世后，两人的骨灰一起安放在龙华烈士陵园干部陈列室。在此前后，父亲的多种著作得到重印和再版。计有《中国小说史料》《现代作家书简》《我的记忆——孔另境散文选》《庸园新集——孔另境自述散文》《秋窗晚集——孔另境文史随笔》《孔另境杂文集》《海上文学百家文库·孔另境、朱雯》，此外还出版了《孔另境画传》《霜重色愈·孔另境》《孔另境先生纪念集》等。

1992年，为纪念父亲逝世20周年，刘以鬯先生主编的《香港文学》第92期、《新文学史料》第4期，分别刊出"孔另境逝世20周年纪念特辑"，收录了施蛰存《怀念孔令俊》、柯灵《致孔另境旧札》、许杰《我和另境》、秦瘦鸥《老孔！老孔！》、周劭《有关另境诗六首本事》、范泉《雪压乔林同一色——回忆我和另境相处二十年的往事》、孔另境遗作《囚中词六首》、金韵琴《另境晚境》等纪念文章，以及由孔海珠撰写的《孔另境著作版本小识》。

2002年,为纪念父亲逝世30周年,《新文学史料》第3期(总第96期)辟出"孔另境专辑",收录了《孔另境遗作三篇》、钱今昔《腊梅寒香忆另境——怀念与另境三十四年间的深挚友情》、李奇中《怀念老友孔令俊》、金性尧《忆孔另境兄》、孔建英《父亲在政协会上的一次发言》、孔海珠《父亲的故乡情结》等6篇纪念文章,和由孔海珠辑注的《孔另境著作系年》。

第十二章　百年诞辰纪念日和孔另境纪念馆开馆

2004年7月19日是父亲百年诞辰纪念日，也是我的一本新书《痛别鲁迅》出版之时，那是一本献给父亲百年的书。为了感谢父亲当年积累的鲁迅葬仪照片资料，它是我从小时候起经常翻阅的照相册中，印象最深刻的一册，《痛别鲁迅》撷取了这本葬仪照相册的全部资料。

7月19日那天，持续的高温一点也没有让人喘息的迹象，下午时分，在上海鲁迅纪念馆会议厅召开了"孔另境诞辰一百周年纪念座谈会暨《痛别鲁迅》新书发布会"。由上海文艺出版社、上海鲁迅纪念馆、上海社会科学院出版社联合主办。出席会议的有文化界老人，父亲生前的朋友、同事、学生，学术研究人员，报社电台传媒人员，家乡代表，以及亲属子女等近百人。会上发行了上海鲁迅纪念馆定制的"孔另境诞辰一百周年纪念封"一枚和纪念戳（章），《孔另境百年诞辰画传》限量本，并发布了由孔海珠编著的《痛别鲁迅》新书。

那天，迎来那么多高龄老人，据说这在鲁迅纪念馆馆史上是第一次。他们都是上海文化界的不老松，是老宝贝。如95岁的女作家罗洪先生，90岁的"老运动员"贾植芳先生，资深记者谢蔚明先生，杨杏佛先生的哲嗣杨小佛先生，文汇老报人徐开垒先生，老上海沈寂先生，上海社会科学院前副院长蓝瑛先生、父亲的老朋友钱今昔先生，女作家欧阳翠老人，丰子恺先生的女公子丰一吟，父亲生前的学生、名导演谢晋先生刚从外景地回沪，接到通知也赶了过来。这是一个令人感动的会议。

纪念孔另境百年诞辰座谈会会场

姑父茅盾曾经对我说："世事难得公平。"在父亲百年之际，却感受到"公道自在人心"的暖流。今非昔比。人们怀念他在世六十八年中为文化界做出的贡献；感动于他生前受着知识分子的落寞和不平的待遇。他的真诚、开朗、直言不讳与强硬不屈；他的天真、乐观、常常不合时宜的谈吐和略见"海派"的做派，凡与他有过接触的人都会感受到。鲜明的性格使他常常是个"出头的橡子"；而他的可爱，也正是因为他的言行总能让人一眼望到他的心底。他在世时交际广泛，朋友很多，受到他真诚帮助的人不少，人们至今怀念着他。

《痛别鲁迅》，该书首次披露由父亲珍藏的鲁迅葬仪照片近百幅。会议情况在《文汇报》《解放日报》《新民晚报》《文学报》《文汇读书周报》和《中华读书报》等媒体上均有报道。

2007年4月27日，坐落于乌镇的孔另境纪念馆开馆，从各地赶来的百余人参加了开馆仪式，并举行了纪念座谈会，表达了对孔另境纪念馆开馆的祝贺，以及对父亲品性和学识的赞扬。父亲虽然生前遭遇坎坷，如今终于得到了历史公正的评价，"荣归故里"了。

在孔另境纪念馆开馆座谈会上，我发表了一通感言：

今天，父亲纪念馆开馆，此时此刻的心情是百感交集，很难用语言表达。

记得有一次，桐乡的一位小车司机送我回上海，一个多小时的路程中，他问了我几句印象深刻的话：

他问，你来桐乡有什么事？我答，为父亲建纪念馆的事。他接着问，你父亲是干什么的？文化人，我答。他有点不耐烦，继续问，他最大当过什么官？我一时语塞无以回答。

在一般人眼里，总要有一官半职才会做纪念馆之类的事，或者他的儿女中有当大官的。我们都没有。我父亲有光荣的历史，但说到底只是一介书生，一个自由职业者。今天，在父亲的家乡占地270平方米，景色秀美的灵水居里，他的纪念馆开馆了,这是长期保存下去的纪念馆。无疑父亲是有幸的。感谢家乡为他所做的一切。

父亲现在可以说是"荣归故里"。还记得,他最后一次踏上故乡的土地,在1967年的秋天。正是这次,他是从故乡被揪回上海"批斗"的。两者的境地反差很大。

那一年,他说"迁地避嚣"(这是他的一句名言)。"文革"的"噪音"使他受不了,想出门做一次逍遥游,再看一次故乡。这也是他的天真,以为故乡是一块纯洁之地不被"污染"。不意,他刚出发第二天,他原来的单位的造反派要批斗他,却找不到他了,马上以发现"阶级斗争新动向"的姿态,分别找我母亲和我谈话,交代他的行踪。他们先到乌镇,又追踪到硖石,在一家小旅馆里找到了他并押送回上海。这是他最后一次与故乡亲近,在非常时期安排了一次最后的旅程。以后他失去了身体的自由和健康的允许。

父亲说过:"人是感情的动物,也是理智的动物。因为有感情,所以不能忘记过去;因为有理智,所以认识现实和理想将来。"我想,纪念馆的建立让我们重温了一个知识分子的心路历程,他的坎坷而真实的遭际,我们不能忘记过去。同时,纪念馆的建立也让我们知道,只有走改革开放的道路,建立和谐社会,尊重人性,尊重人才,我们的国家才有希望,我们的民族才有希望,我们每个个体才有理想的将来。

今天邀请到这么多父亲的老朋友、老同事、生前的学生、学者教授,出版社的同仁,媒体的记者朋友,父亲生前友朋的子女，以及上海和浙江的党政领导、社会团体领导，在这春暖花开的日子里，大家聚集在这里纪念已远行多年的父亲，令人感到温暖。非常感谢大家的光临。请以后多多地来乌镇享受水乡的悠闲、呼吸千年古镇的乡土气息，看一看我父亲当年看过的风景，多多光临孔另境纪念馆，把乌镇、孔另境记在心里。再次感谢大家。

"霜打雪压染就苍苍银发，风狂雨暴练成嶙嶙傲骨。"这是我们子女献给父亲的最后的人生写照。

孔另境纪念馆由一间正厅和两间厢房组成，占地面积约300平方米，展览内容由家乡亲情、著作生涯、坎坷人生三个部分组成。展馆正厅安放着父亲的铜铸胸像，馆中展出各类实物220件，照片近百张，展板21块，说明文字共8000余字。

由王元化先生题写的馆名匾额置于正厅进门的上方，两侧抱柱上由书法家陆康书写当年父亲去世时秦瘦鸥先生的挽联："坦荡胸怀不脱文人本色；宽宏气度长留达士高风。"

父亲铜铸胸像（由雕塑家严逢林先生制作）正面的展板上是父亲写于1970年10月的手迹，也是他的名言："人是感情的动物，也是理智的动物。因为有感情，所以不会忘记过去；因为有理智，所以认识现实和理想将来。"

著名画家贺友直先生特意为父亲四次牢狱之灾作画四幅，分别放在不同历史时期的展板上配合展出。

展板的背面是结束语。上部是王元化题写的"孔另境纪念馆"手迹。

乌镇建有孔另境纪念馆

开馆时七个子女合影

中部是:

孔另境,1904年7月19日出生于浙江乌镇。著名作家、出版家、文史学家。他早年投身革命,参加过北伐,在鲁迅、茅盾等人的影响下,积极投身于新文化运动,为新文化的传扬,作出了重要贡献。

正如茅盾唁电所说:他"一生为新文化教育服务,兢兢业业"。

本馆展出了孔另境的人生片断,从这些珍贵的史料和纪念物中,我们可以管窥中国一代知识分子追求真理的坎坷历程,领略先生坦荡的人格魅力,缅怀那些不该忘却的记忆。

孔另境纪念馆 2006 年 12 月

父亲怎么也不会想到,身后会还他一片洁白的天空,编辑出版他过去稿子的奢望,纪念他诞辰百年的盛况……他不会想到做了半辈子"嫁衣人",有朝一日会自己穿上的"新衣裳"。他的在天之灵定会开怀大笑。更意想不到,随着故乡乌镇旅游经济的开发,孔氏家族不忘已故游子,接纳他们认祖归宗,筹备建立"孔另境纪念馆",以纪念先人的业绩,使之有一个永久的纪念地。作为后辈大力支持,并相信传播的不仅是父亲的名姓,而是这代知识分子坎坷的一生中坚持的品性和操守。我想。

2014年,我们编辑出版《孔另境先生纪念文集》来纪念孔另境诞辰110周年,留下史料性的纪念著作,也为乌镇文化名人的文献积累增添亮色。

《孔另境先生纪念文集》是历年来在报刊上发表的有关纪念父亲孔另境的文字和评论文章汇集而成。这个工作从20世纪80年代初就着手准备，那时父亲已经去世十年，自此时起积累了三十多年，费心相约不少熟识父亲的文化老人撰写回忆文章，这是抢救文坛记忆，追逝过去年华。父执们个个热情承诺，并很快有佳作问世，使我们十分感动。现在这些老人大都已驾鹤西去，留存的文字成了对父亲、对那一代文化人永久的记忆，具有可贵的文献史料价值。

乌镇在打造文化旅游名镇上很有成就，影响很大，在加强文化内涵上也正不遗余力，每次回乡总有新的惊喜。孔另境纪念馆也在不断地完善中，为中外游客留下了深刻印象，为乌镇名人效应的宣传出力。正如纪念馆展板中所说，孔另境的一生为新文化的传扬做出了重要贡献，纪念馆的展示为我们开启"管窥中国一代知识分子追求真理的坎坷历程，领略先生的坦荡的人格魅力，缅怀那些不该忘却的记忆"。

这部纪念文集由"乌镇孔另境纪念馆"编，乌镇旅游股份有限公司作资金支持，由孔另境先生曾经工作过的上海文艺出版社承担出版，这是很有意义的。全书分列七个部分：一、生平追忆。有施蛰存、许杰、秦瘦鸥、柯灵、范泉、何满子、田仲济、欧阳翠、周劭、金性尧、钱今昔、纪申等共十七篇。二、家人思忆。有母亲金韵琴的回忆，及七个子女从不同角度的思忆。三、史事掇珍。选择另境先生重要历史事迹的考索，以史实印证他为新文化传扬的努力，以及一个知识分子在时代风雨中的喜怒哀乐。四、作家与作品评说。收集了从1980年至2014年报刊书籍上谈论孔另境的文字。遗漏之文敬请识者提供。有五篇序跋文章，包括鲁迅先生、郑振铎先生、茅盾先生、赵景深先生、李霁野先生等。前四篇为父亲生前所约，尤其鲁迅先生的序言使他感恩有加。这是一篇为中国现代文学史中的书信体文学正名，极具文献价值。最后一篇李霁野先生的序言，写于1986年，父亲早已含冤去世，上海文艺出版社出版了他在"文革"后的第一本集子，序中李先生记述他们之间珍贵的绵长友谊。五、遗作选载。为其身后发表的作品，有讲述特殊经历第一次面世的遗作，有他在狱中写作的诗词，也有重新发表的文章，以及旧报刊上新挖掘出来的作品，弥可珍贵。六、会议和纪念。自从粉碎"四人帮"以后，人们渐渐从被禁锢的思想中解放出来，《香港文学》由刘以鬯先生主编，首先刊出"孔另境逝世二十周年纪念特辑"。这个特辑得到了包括萧乾在内的老作家的首肯，认为带了一个纪念性的好头。以后，在《新文学史料》上又刊出他逝世三十周年的特辑……在孔另境先生百年的纪念会上，一本由我撰写献给父亲百年的书——《痛别鲁迅》举行首发，出席会议的重量级老人数量之多是鲁迅纪念馆座谈会历史上少有，于是，根据录音我们整理并公布这组口述，虽然未经本人修订，然而是值得纪念的珍贵留言。七、年谱。这是作者经年爬梳的心血记录。枯燥的文字渗透着泪水，点滴的记录刻写着真诚。

收入本书文章的作者们，有的我们平时常有联系，有的老人去世已久，与其家属也失去了联络，希望借助出版此书之际，

父亲孔另境部分作品书影

可以互通音讯，加强沟通，让我们共同缅怀已逝的岁月……

　　父亲诞辰已有110周年，纪念馆在乌镇建馆也有七年时间，想起建馆时的兴奋情景仍历历在目；展厅曾容纳了多少川流不息的参观者驻足、缅怀、感叹、崇敬……这是一堂生动的课程，一个知识分子的坎坷历史，更是南宗孔氏走上革命先进行列的一页篇章。是幸，乌镇有你，你有乌镇。

说不完的父亲（代后记）

　　正当举国庆贺新中国成立七十周年之际，我参加了各种庆贺活动，尤其是参观了回顾七十年成就的大型展览等，感慨我们的幸福生活来之不易。与先辈相比，我们生活在安定富足的时代，是他们不懈奋斗换来的。我们要牢记他们的献身精神以及他们追求光明的努力。他们没有能活到舒心无虞的日子，没有享受到高科技带给我们丰富而便利的生活，这些不就是他们参加革命的初心吗？我替他们感到委屈。我的父亲去世已经47年了，他没有看到过电视机，没有坐过家用的小汽车，没有用过电冰箱，当然，没有用过手机，没有……太多太多物质的便利。我们是享受生活的一代，他们是艰苦奋斗的一代人。作为知识分子，他不会想到，他作古这么久远了，他们的精神财富却源远流长，人们没有忘记他们不屈的正义，更值得人们珍惜忘我的精神。这样说的原因是多方面的。作为继承父辈志愿的后人，挖掘先人们的史绩，传承他们的先进思想，理解过去岁月的坎坷，都是我们应该做的事情，我们的责任，也是我们大家共同的财富。在收集资料和写作的过程中，我最大的收获是真切地感受到父辈那代人呼吸的历史，我似乎融入其中，置身其中，轻微地，细微地，感受着历史的呼吸……这样的呼吸，我从来没有停止过。

作为父亲的长女，在我眼里，他是令人可敬可爱可亲，又可气可恼的老人。

他是个普通人，普通知识分子的一员；他有着进步知识分子的头衔，也有着"漏网大右派"的冠冕。他的良知与不幸，他的反抗与无奈，刻录着20世纪时代风雨的印记，也书写成一代知识分子的代表典型。

父亲早期的人生体验有着极为丰富的传奇色彩。在我的记忆里，在我们四川北路的老家，每当晚上酒酣饭饱之后，父亲满脸红光，孩子们围坐在书房里，听他海阔天空地聊天，讲得最多的是他经历过的神奇故事。如在"北伐"的时候，他有一支朝井底打过子弹的小手枪。1929年他在杭州县委任秘书时，曾保存过县委书记的一截断指，浸在一种"福尔马林"的药水里，使其不腐。县委组织最后一次会议被破坏，他的幸运脱险全靠一个机敏茶房的摇手。抗战时期，他带全家投奔新四军，在苏北垦区生活非常艰难，大女儿的出生给贫乏生活带来极大的喜悦。甚至说他被日本宪兵抓去坐牢41天，吃了41天"面疙瘩"，反而治好了经久不愈的胃病，等等。说话间，他哈哈大笑，笑声感染着我们每一个孩子。

父亲是乐观开朗的，热爱生活的，喜欢热闹，又善于安排，对七个子女都亲自关爱，事事指挥。记得我生大病都是他陪着我，母亲在一旁听他指挥；他管理这个家很严厉，我看到过他发臭脾气，小孩做家务打坏了瓷器，他要小孩用零用钱赔偿。也看到过他流泪，妹妹从新疆回来探亲，他早早地到阳台上张望，希望尽早地看她一眼。这一眼他流泪了。他看出妹妹生活的不易。

到家了又要她上交粮票,像公事公办那样。我们都习惯了。

父亲一生坐过四次牢:牢中他曾作词《菩萨蛮·第四囚》:

二十年中三入囚,逢人只觉意气豪,只因囚我者,迟早被打倒。　如今第四囚,却受亲人笑,但到秋光老,看我不逍遥!

尽管囚禁早期他有这样的乐观心态,但经受不住长达七个多月的羁押,后因缺医少药,营养不良,病情加重,濒于死亡边缘,才被"保外就医",不久即不治身亡。

父亲的一生,经历了从反封建王朝到新中国建立的每一个社会发展的过程,作为以推翻旧世界为己任的进步知识分子,他的典型意义在于在历史的进程中,他的命运、得失与时代息息相关,祖国遭受劫难之时,也是他不复自由之时。他性格鲜明,嬉笑怒骂都在他的作品中反映出来,即使在被剥夺发表作品的时候,在被审查的检讨之中,始终保持着他的爱与憎,他的天真,他的倔强。如1968年7月他被拘捕,1972年4月被宣布释放,他的问题被视为"人民内部矛盾"。同年5月退还被抄存款及"抄家"物资折价当时人民币1021.57元。他很愤怒并且不满,6月向市委统战部反映前来"抄家"的出版文献资料编辑所落实政策的情况。未果。7月又挂号寄出给单位领导的信,发表对落实政策的意见,也未果。至9月18日离开人世,在他行使自己作为"人民"的权利的仅五个月中,仍然不顾我们家属反对，发表他个人的意见。这种执拗似乎是他祖上性格的遗传。当时，我们家属是反对他写这些信的，因为，知道当时写信反映是不会有结果的。第一次，在家里人劝阻不成的情况下，嘱我替他跑到市委统战部去送那封厚厚的申诉信。这是他的心愿，我照做了。这信如同石沉大海，没有一点反应。父亲以为我并没有替他送信到统战部，接着写第二封信，不再差我办事，而是挂号邮寄。当然也是没有结果。如今，我查到他当年记录送信的日期，才勾起上面这段封存的记忆。

他丰富的人生阅历，造就他追求光明进步的笔墨。他写作和编著的文类很杂，有杂文、散文、小说、戏剧、电影剧本、历史、经济、写作理论、社会科学等，各种门类都有。最有影响的是《中国小说史料》（印数达十多万册）和《现代作家书简》（共有四种版本）。在创作的散文随笔类作品中，生前曾结集出版过几种，如《斧声集》（1936年）、《秋窗集》（1937年）、《横眉集》（1939年，合集）、《庸园集》（1946年）等，他曾编好《乃曦集》《扬眉集》等遗稿，未能如愿出版。除此之外，也有不少散见的文字，如他主编的刊物《新文学月刊》《文学丛刊》《文学与戏剧丛刊》，参与合编的刊物《鲁迅风》《生活与实践丛刊》等，以及在四十年代主编的《剧本丛刊》五十册中，总能找到他的笔墨留存。通过经年的收集和考证，以及整理他遗存的残稿中发现未刊手稿等，收获是可喜的，尤其是笔名的发现。希望能汇集出版父亲的全集以告慰九泉下亲爱的父亲：你看得见的书面作品，我们珍惜；看不见的精神产品，我们愈加珍惜。

笔者是他七个孩子中的长女，在父亲的恩泽陪伴下无忧无虑地成长。父亲教导我们：山东曲阜是孔姓的源，故乡乌镇是我们的根。平日里他喜欢讲小时候在故乡的故事，讲我们不知道的前辈轶闻遗事，不管我愿意不愿意，自觉不自觉，潜移默化地受他的影响，秉承了他的脾气，他的追求，即所谓家庭的烙印。以至，最终继承他的文学事业。其实，父亲的职业兜兜转转，从职业革命、作家、教授到校长、教务长，最终是个出版人，"为他人作嫁衣"。他从事出版的工龄，比起其他职业的时间都长。这是他喜欢的工作。而我的继承，虽然对文坛史料有所关注，喜欢探究，有点成果罢了。我知道，我们小辈的学养远远跟不上父辈，也没有经历过革命战争的考验、严酷的时代风雨以及为稻粱谋的事情。所以常常对文坛的种种、亲友间的关系体悟不深，很难领会。父辈生存的年代，需要为民族气节，为追求光明，为进步文化事业考量。对待下一代的成长，他常常以司马迁和文天祥的故事，教导我们人品的重要，气节的珍贵。推崇胡适所言的"大胆设想，小心求证"，这是做学问的准绳，有一分材料说一分话，以史实为依据，考据有出处。我努力遵循着。

我是2003年退休，在刚退休的13年间像在赶出货，林林总总前后出版了14本书。除了编我父亲孔另境的书，还有于伶的书、"左联"的书等，以及写上海文坛旧事类的书，影响较大的是《痛别鲁迅》，毕竟是首次由我写作鲁迅葬仪的专题书，当时还有盗版。过了六年，人民文学出版社又找我修订新版。此书成了我的代表作品。其实，于伶前辈生前，我替他在老报刊上寻找钩沉许多资料，也编著过几本书，直到退休，才有机会和勇气花了三年时间，写了本51万字的《于伶传论》，列为上海市重大创作课题,被上海作家协会评为年度优秀成果。

如今,我年近八十高龄,岁月不待人,体力、精力都不济,视力更差,这次执笔写父亲的传记,本以为前面的基础工作做了很多,这次不会很困难,只是时间太急促,杂事又很多。有位领导对我说,你想说的话这次可以在书上说。确实,以后我的体力精力可能更不行了,还是留下一点痕迹吧。目前,我的另一本新书《俯仰之间——上海文坛红色记忆》正由上海人民出版社排印,事情又挤在一起了,不胜烦恼。现在,在万根的催促下,匆匆交稿却意犹未尽。父亲说不完,说不完父亲!

孔海珠

2019年1月27日初稿　11月13日二稿